Herbert Hartwig, Mathias Emde

Betriebswirtschaftliche Steuerung und Kontrolle

für Wirtschaftsschulen in Bayern Klasse 7

1. Auflage

Bestellnummer 48100

Bildungsverlag EINS

Die in diesem Produkt gemachten Angaben zu Unternehmen (Namen, Internet- und E-Mail-Adressen, Handelsregistereintragungen, Bankverbindungen, Steuer-, Telefon- und Faxnummern und alle weiteren Angaben) sind i. d. R. fiktiv, d. h., sie stehen in keinem Zusammenhang mit einem real existierenden Unternehmen in der dargestellten oder einer ähnlichen Form. Dies gilt auch für alle Kunden, Lieferanten und sonstigen Geschäftspartner der Unternehmen wie z. B. Kreditinstitute, Versicherungsunternehmen und andere Dienstleistungsunternehmen. Ausschließlich zum Zwecke der Authentizität werden die Namen real existierender Unternehmen und z. B. im Fall von Kreditinstituten auch deren IBANs und BICs verwendet.

Die in diesem Werk aufgeführten Internetadressen sind auf dem Stand zum Zeitpunkt der Drucklegung. Die ständige Aktualität der Adressen kann vonseiten des Verlages nicht gewährleistet werden. Darüber hinaus übernimmt der Verlag keine Verantwortung für die Inhalte dieser Seiten.

Legende der verwendeten Verweissymbole

Verweis zum Fach Informationsverarbeitung

Verweis zum Fach Mathematik

service@bv-1.de
www.bildungsverlag1.de

Bildungsverlag EINS GmbH
Ettore-Bugatti-Straße 6-14, 51149 Köln

ISBN 978-3-427-**48100**-3

Vorwort der Verfasser

Nicht nur durch die Zusammenlegung der früheren Unterrichtsfächer „Betriebswirtschaft" und „Rechnungswesen" zu „Betriebswirtschaftliche Steuerung und Kontrolle" ergeben sich ganz neue Herausforderungen. Auch dass dieses Fach bereits in der 7. Jahrgangsstufe einsetzt, erfordert sprachlich und vor allem inhaltlich Rücksichtnahme auf die angesprochene Altersgruppe. Dazu kommt, dass der Lehrplan besonderen Wert legt auf Handlungs- und Kompetenzorientierung. Dabei wird immer wieder darauf hingewiesen, dass Kompetenzen nicht im Unterricht vermittelt, sondern durch dessen Inhalte erworben werden sollen. Grundlage dafür ist ein solides Basiswissen.

Völlig neu und auf den ersten Blick nicht ein „klassischer" Inhalt aus Betriebswirtschaft und Rechnungswesen sind die Kapitel zu Zeitmanagement, Informationsbeschaffungsstrategien und SMART-Kriterien. Gerade diese Inhalte sind aber geeignet, Schülerinnen und Schüler an selbstständiges Arbeiten heranzuführen. Bewusst ist hier darauf verzichtet worden, „Wissensfragen" zu stellen, und die Anwendung in den Vordergrund gerückt worden. Deshalb gibt es zu diesen Kapiteln auch keine Zusammenfassung (wie dies bei Wissensbereichen notwendig ist), sondern es wird direkt eine Aufgabe zur Anwendung angehängt.

Insgesamt haben die Verfasser bei der Konzipierung des Lehrbuchs Wert gelegt auf

- eine ausführliche und anschauliche Darstellung der zu vermittelnden Inhalte und Kompetenzen, die jeweils am Ende des Kapitels kurz und knapp zusammengefasst wird,
- eine Vielfalt und Vielzahl von Übungs- und Anwendungsaufgaben, die sich an die Zusammenfassungen anschließen,
- selbstständiges Herangehen an neue Inhalte, wozu die „Arbeitsaufträge" am Kapitelanfang anregen sollen. Da diese bei den Rechenaufgaben wenig sinnvoll sind, ist dort darauf verzichtet worden.

Alle im Glossar erklärten Begriffe sind beim ersten Auftauchen im Text farblich unterlegt, sodass die Schülerinnen und Schüler selbst nachschlagen und nachlesen können.

Es liegt in der Hand der Unterrichtenden, u. U. bei den Aufgaben und Arbeitsaufträgen eine Auswahl zu treffen, um das vorgegebene Stundenmaß sinnvoll zu füllen. Der Rahmen der Aufgaben und Übungen ist bewusst sehr weit gespannt worden, um die Lernenden zu selbstständiger Arbeit anzuregen. Dadurch kann die geforderte Handlungs- und Kompetenzorientierung erreicht werden.

Auch wenn nicht immer explizit darauf hingewiesen wird, bietet sich bei diversen Aufgaben eine Verknüpfung mit dem Fach „Informationsverarbeitung" an, insbesondere die Anwendung der dort erworbenen Kenntnisse in Textverarbeitung und Tabellenkalkulation.

Inhaltsverzeichnis

1 Ein Unternehmen in der Region erkunden

Christian Frank besucht seit September die siebte Klasse einer Münchner Wirtschaftsschule. Seine Eltern finden, das wäre die richtige Vorbereitung für sein späteres Berufsleben. Sie hoffen, dass Christians Interesse für das Geschäft der Eltern noch wachsen wird und er eines Tages dessen Führung übernimmt. Vater Stefan Frank ist Inhaber eines Küchenstudios, in dem Küchen bekannter Hersteller angeboten werden. Dazu führt er eine eigene Schreinerwerkstatt, in der Küchenmöbel nach den Wünschen der Kunden individuell angefertigt werden. Christians Mutter ist ebenfalls im Betrieb tätig. Sie kümmert sich als gelernte Industriekauffrau zusammen mit anderen Mitarbeitern um die Buchführung.
Christians Cousin Felix besucht bereits die Abschlussklasse der Wirtschaftsschule. Von ihm wusste Christian schon, dass zu Beginn der 7. Jahrgangsstufe einige neue Unterrichtsfächer auf ihn zukommen würden, wie z. B. das Fach Betriebswirtschaftliche Steuerung und Kontrolle (BSK). Christian hatte von Felix auch erfahren, dass er hier ein Unternehmen aus der Region erkunden sollte. Was genau zu tun sein würde, blieb ihm aber rätselhaft. Verunsichert wird er zudem dadurch, dass er von Wirtschaft bisher wenig Ahnung hat – auch wenn er sich oft und gerne im Unternehmen seiner Eltern aufhält. Vor allem den Geruch des in der Werkstatt verarbeiteten Holzes hat er gerne in der Nase und die Technik der im Ausstellungsraum aufgebauten Musterküchen bzw. der dort eingebauten Elektrogeräte fasziniert ihn. Doch das wird ihm, da ist er sich sicher, bei der gestellten Aufgabe wenig nützen.

Vor der Erkundung eines Unternehmens sind einige grundsätzliche Wirtschaftsbegriffe zu klären.

1.1 Der einfache Wirtschaftskreislauf

Christian Frank hat sich bisher nicht als „wirtschaftenden Menschen" gesehen. Erst seit seinem Eintritt in die Wirtschaftsschule bzw. seitdem er sich mit dieser Schulart näher befasst hat, sieht er den Begriff „Wirtschaft" mit anderen Augen als bisher.

Arbeitsaufträge:

1. Recherchiere den Unterschied zwischen Betriebswirtschafts- und Volkswirtschaftslehre und charakterisiere beide Wissenschaftsrichtungen in jeweils einem kurzen Satz.
2. Notiere in drei Sätzen, in welcher Beziehung deine Familie zu Wirtschaftsunternehmen steht.

Im Modell des einfachen Wirtschaftskreislaufs werden nur die Beziehungen zwischen den Konsumenten (dem Sektor „Haushalt") und den Produzenten (dem Sektor „Unternehmen") betrachtet. Alle weiteren wirtschaftlich tätigen Sektoren finden hier keine Beachtung (z. B. Staat, Kreditinstitute, Ausland).
Zwischen den Haushalten und den Unternehmen findet man jeweils einen Geld- und einen Güterstrom, die entgegengesetzt verlaufen.

Die Haushalte stellen den Unternehmen vor allem ihre Arbeitskraft zur Verfügung (u. U. aber auch Kapital und Boden). Man bezeichnet diese als Produktionsfaktoren. Dafür erhalten sie von den Unternehmen entweder eine Entlohnung oder Zins bzw. Miete. Mit diesem Geld können die Haushalte Güter oder Dienstleistungen von den Unternehmen erwerben.
Die Unternehmen nutzen die von den Haushalten angebotenen Produktionsfaktoren zur Erstellung von Gütern und Dienstleistungen. Durch deren Verkauf fließt den Unternehmen wieder Geld zu.
Diese Beziehungen lassen sich auch grafisch darstellen:

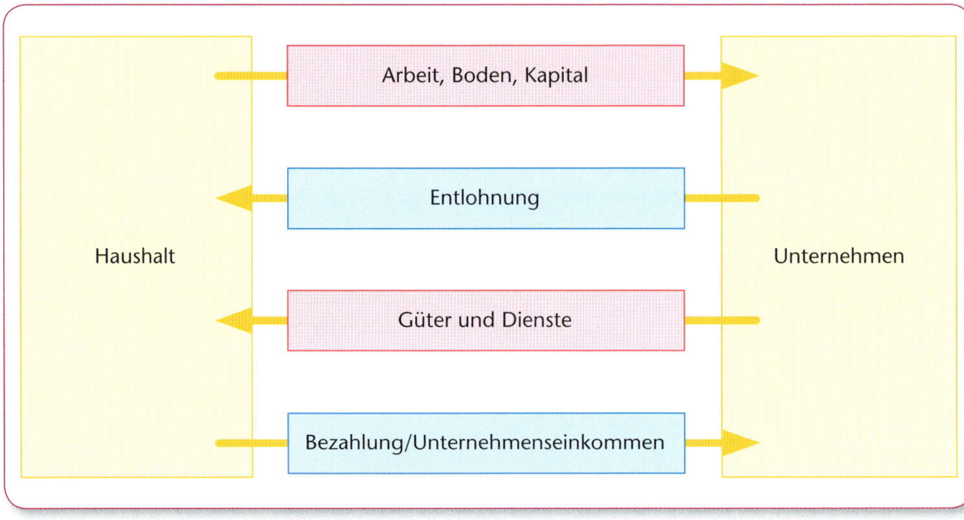

Zusammenfassung

1. Der einfache Wirtschaftskreislauf beschränkt sich auf die Darstellung der Geld- und Güterströme zwischen den Sektoren „Haushalt“ und „Unternehmen“.
2. Er zeigt, dass
   - die Haushalte zu Geld kommen, indem sie den Unternehmen die Produktionsfaktoren Arbeit, Kapital und Boden zur Verfügung stellen;
   - die Haushalte mit dem hierfür erhaltenen Geld die von den Unternehmen angebotenen Güter und Dienste kaufen können.
3. Er zeigt auch, dass
   - die Unternehmen mit den Produktionsfaktoren Güter und Dienste anbieten können;
   - die Unternehmen durch den Verkauf der Güter und Dienste wieder Geld einnehmen.

Aufgabe

Überlege, welche Beziehungen zu Unternehmen in diesem Modell nicht berücksichtigt werden.

1.2 Orientierung über die wirtschaftliche Vielfalt der Region

Christian Frank weiß sich zu helfen. Er will nicht darauf warten, bis im Unterricht grundlegende Wirtschaftsbegriffe dargestellt werden. Wozu hat er seinen Computer mit Internetzugang? Also sucht er schon mal auf eigene Faust, was er zum Begriff „Wirtschaft" finden kann. Schnell zeigt sich, dass es eine Menge von Informationen gibt. Ohne eine Ordnung, stellt er fest, hilft ihm das nicht weiter.

Arbeitsaufträge:

1. Schreibe die Namen von zwölf Unternehmen auf, die dir spontan einfallen. Achte darauf, dass sie möglichst verschiedene Tätigkeiten ausüben, es also z. B. nicht nur Supermarktketten oder Automobilhersteller sind.
2. Überlege dir nun, wie man die unterschiedlichen Unternehmen in eine Ordnung bringen könnte.

Es gibt in Deutschland mehr als 3,5 Millionen Unternehmen, die sich über das ganze Land verteilt angesiedelt haben. Die Schwerpunkte liegen logischerweise in den Ballungsräumen, also in Regionen, in denen besonders viele Einwohner auf kleinem Raum zusammenleben. Typisch für solche Ballungsräume, wie z. B. das Ruhrgebiet, das Rhein-Main- und das Rhein-Neckar-Gebiet oder in Bayern der Ballungsraum zwischen München und Augsburg bzw. das mittelfränkische Städtedreieck Nürnberg-Fürth-Erlangen, ist eine Anhäufung von Mittel- und Großstädten. Hier findet man zahlreiche Unternehmen.
Zwischen den vielen Unternehmen gibt es große Unterschiede. Diese erkennt man schnell, wenn man die Wirtschaftsunternehmen nach ihrer Tätigkeit einteilt. Hierzu ist es sinnvoll, zuerst eine grundsätzliche Unterscheidung vorzunehmen.

1.2.1 Wirtschaftssektoren

Ordnet man die vielen in der Wirtschaft tätigen Betriebe nach ihrem Sachziel, also danach, was sie leisten oder produzieren, erhält man vier Teilbereiche, die Sektoren der Wirtschaft. Diese sind:

- der *primäre Sektor*, der die Urerzeugung umfasst (also z. B. Bergwerke, Land- und Forstwirtschaft) und die Rohstoffe für die weitere Be- und Verarbeitung zur Verfügung stellt;
- der *sekundäre Sektor*, der die Produktion in Industrie und Handwerk umfasst und alle Arten von Gütern erzeugt;
- der *tertiäre Sektor*, der die Dienstleistungen umfasst, mit den Kernbereichen Handel, Banken und Versicherungen und vielen weiteren Bereichen;
- der *quartäre Sektor*, der die öffentliche Verwaltung umfasst, also alle Arten von Ämtern und Verwaltungen bis hin zu den schulischen Einrichtungen.

Wie sich die Beschäftigten auf die Wirtschaftssektoren verteilen, zeigt folgende Grafik:

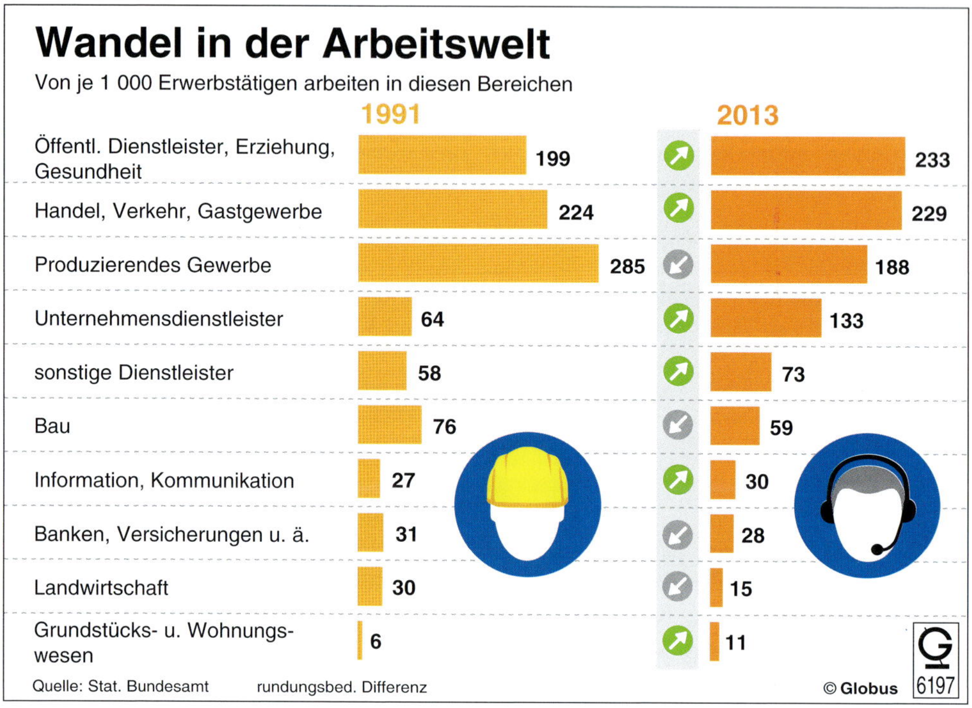

1.2.2 Unternehmensarten

Bei den Unternehmensarten unterscheidet man zuerst grundsätzlich Produktions- und Dienstleistungsunternehmen.

Produktionsunternehmen sind Handwerksbetriebe und Industriebetriebe.
Bei den Industriebetrieben unterscheidet man:

- Grundstoffindustrie (produziert Ausgangsprodukte für die weitere Produktion)
- Investitionsgüterindustrie (produziert Maschinen usw., mit denen neue Güter hergestellt werden)
- Konsumgüterindustrie (produziert Güter des täglichen Bedarfs für viele Menschen)

In allen Produktionsunternehmen werden Güter hergestellt.

Im Handwerk erfolgt diese Herstellung überwiegend in kleinen Betrieben durch ausgebildete Fachkräfte unter Einsatz von Handarbeit und einigen Maschinen. Die Güter werden häufig nach Kundenwunsch individuell produziert und direkt an den Kunden verkauft.

Beispiele:

- *In der Schreinerei von Stefan Frank werden einzelne Möbel nach Kundenwunsch passgenau angefertigt, geliefert und eingebaut.*
- *Der Glasermeister Max Voit fertigt eine Glasschiebetüre für die umgebaute Küche eines Kunden von Stefan Frank und setzt sie vor Ort ein.*
- *Der Malerbetrieb Hüttinger OHG streicht für Stefan Franks Kunden dessen neue Küche in der gewünschten Farbe und lackiert die Heizkörper.*

Im Industriebetrieb arbeiten oft angelernte Kräfte, die bei der Produktion viele Maschinen einsetzen und damit große Gütermengen erzeugen. In den meisten Fällen werden die Produkte über den Fachhandel an den Endabnehmer verkauft.

Beispiele:
- *Firma Neuffe liefert aus der laufenden Produktion an Stefan Franks Küchenstudio die Elektroeinbaugeräte für die neue Küche eines Kunden, z. B. den Backofen, den Kühlschrank und die Geschirrspülmaschine.*
- *Firma Gareis bietet für die Küche des Kunden passende Einbau- und Unterbauleuchten in LED-Technik an.*

Die verschiedenen Industriezweige produzieren:
- in der Grundstoffindustrie die Rohstoffe, aus denen in anderen Industriebetrieben dann fertige Produkte entstehen, z. B. Eisen, Stahl und Blech, die in einer Automobilfabrik zum Bau von Kraftfahrzeugen benötigt werden;
- in der Investitionsgüterindustrie die Maschinen und Anlagen, die in anderen Industriebetrieben zur Herstellung der Produkte genutzt werden, z. B. Pressen, Schweißroboter oder Transporteinrichtungen, die in einer Automobilfabrik zum Bau von Kraftfahrzeugen benötigt werde;
- in der Konsumgüterindustrie die für den Endverbraucher im Handel angebotenen Güter des täglichen Bedarfs. Konsumgüter sind für den einmaligen Verbrauch gedacht (sog. „Verbrauchsgüter", wie z. B. Lebensmittel, Feuerwerkskörper oder auch Toilettenpapier) oder werden mehr oder weniger lange genutzt (sog. „Gebrauchsgüter", wie z. B. ein Bleistift, ein Fernsehgerät oder ein Kraftfahrzeug).

Die Raffinerie, ein Betrieb der Grundstoffindustrie

Ein typischer Arbeitsplatz im Industriebetrieb

Unter dem Begriff der Dienstleistungen findet man ein weites Feld von Tätigkeiten, die alle das Merkmal haben, dass sie nicht aufbewahrt werden können, wie z. B. eine Beratung oder eine Pflegetätigkeit. Als „Kernbereich" der Dienstleistungsbranche werden Handel, Banken und Versicherungen angesehen.

Beispiele:
- *Banken und Sparkassen bieten ihren Kunden alles „rund ums Geld" an und dazu die jeweils notwendige Beratung.*
- *Versicherungen schützen Bürger und Unternehmen vor den meisten Risiken des Alltags und ihrer Tätigkeit.*
- *Der Handel versorgt Bürger und Unternehmen mit den Gütern, die sie zum Leben und zur Arbeit benötigen.*

1.2.3 Betriebswirtschaftliche Grundfunktionen

Der Betrieb steht zwischen dem Beschaffungs- und dem Absatzmarkt. Um erfolgreich zu bestehen, muss er Güter produzieren oder Dienstleistungen anbieten. Dabei ist immer eine Grundstruktur vorhanden, die sich (außer in Kleinstbetrieben mit wenigen Mitarbeitern) in einzelnen Abteilungen widerspiegelt. Diese Abteilungen entsprechen den Grundfunktionen eines Unternehmens:

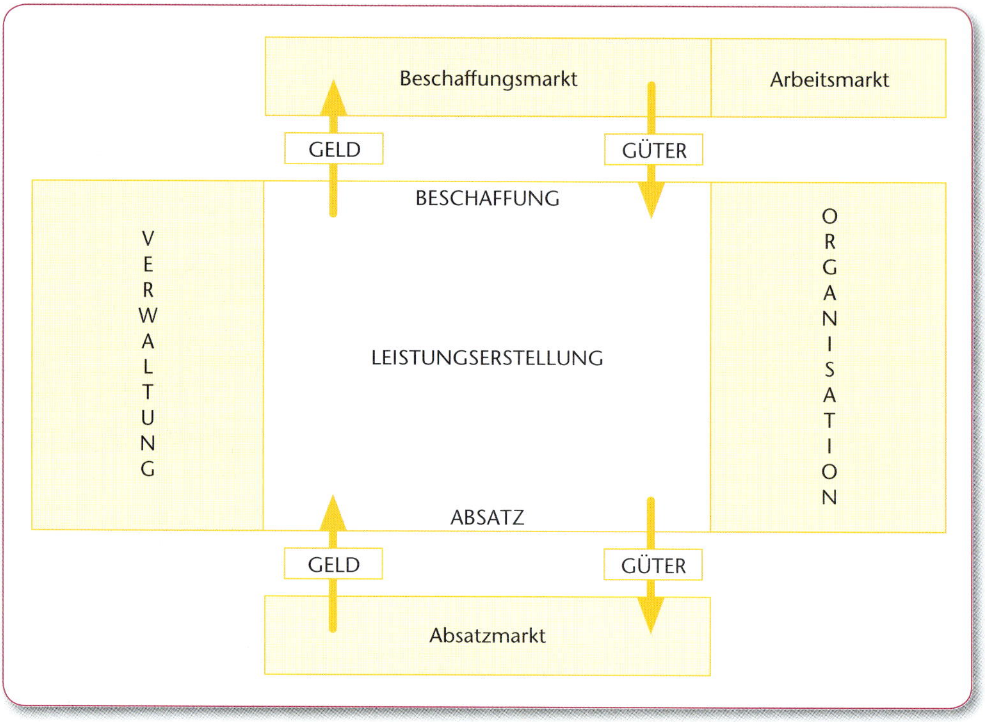

Beschaffung

Für seine Arbeit braucht der Betrieb Arbeitskräfte, Güter, Kapital, Dienstleistungen und Rechte. Die Beschaffung erfolgt nach einem Plan und nicht willkürlich. Arbeitskräfte werden auf dem Arbeitsmarkt angeworben. Die benötigten Sachen kann man kaufen, mieten, pachten, leihen oder leasen. Häufig muss man beschaffte Güter bis zu ihrem Gebrauch oder Verbrauch einlagern.

Beispiele:

- *Stefan Frank benötigt für die Herstellung der Küchenmöbel nicht nur Holz und Spanplatten, sondern auch Beschläge wie Türscharniere und Griffe.*
- *Nach der Gründung seines Unternehmens hat Stefan Frank zuerst ein Ladenlokal angemietet, bevor er sich entschlossen hat, sein eigenes Geschäftshaus zu bauen, in dem nun das Küchenstudio untergebracht ist.*
- *Die für seine beiden Betriebe benötigten Mitarbeiter sucht sich Stefan Frank auf dem Arbeitsmarkt. Dazu wendet er sich an die Bundesagentur für Arbeit oder gibt selbst Stellenanzeigen in der Tageszeitung auf, bzw. über das Internet.*

Leistungserstellung

In Handwerk und Industrie wird etwas produziert, in Dienstleistungsbetrieben gibt es vielfältige Möglichkeiten, in welcher Form die Leistung des Unternehmens bereitgestellt wird. Einige Beispiele findest du in den Kapiteln 1.2.1 und 1.2.2.

Absatz

Hier befasst man sich mit dem Verkauf bzw. dem Vertrieb der Waren. Hilfsmittel sind dabei die Werbung und die Marktforschung. Der Verkauf an die Endabnehmer erfolgt meist unter Einbeziehung von Handelsbetrieben (also Dienstleistern).

Beispiele:
- *Stefan Frank informiert sich ständig über neue Entwicklungen im Bereich der Küchentechnik und versucht die sich ändernden Wünsche seiner Kunden frühzeitig zu erkennen und zu erfüllen. Zu diesem Zweck liest er die Fachpresse und besucht Messen und Ausstellungen.*
- *Um neue Kunden zu gewinnen, macht Stefan Frank in verschiedenen Medien Werbung, wie z. B. in der Tageszeitung und im Lokalradio.*

Verwaltung und **Organisation** begleiten die Grundfunktionen (Grundtätigkeiten) und sind – vor allem bei größeren Unternehmen – für ein Funktionieren des Betriebsablaufs unabdingbar.

Beispiele:
- *Nur wenn jeder Mitarbeiter weiß, wann er was zu tun hat, kann Stefan Franks Schreinerei funktionieren.*
- *Verkäuferinnen und Verkäufer im Küchenstudio benötigen einen Plan, wann sie zur Beratung der Kunden anwesend sein müssen, denn das Küchenstudio hat rund 60 Stunden in der Woche geöffnet, die Verkaufsberater arbeiten wöchentlich aber nur 39 Stunden.*
- *Am Monatsende müssen alle Mitarbeiter den ihnen zustehenden Lohn erhalten.*

Durch den Betrieb fließt ein **Güterstrom** und in entgegengesetzter Richtung ein **Geldstrom**.

Eine genauere Betrachtung der einzelnen Abteilungen bzw. Tätigkeiten in einem Unternehmen ist den Jahrgangsstufen 8 bis 10 vorbehalten.

Zusammenfassung

1. Die einfachste Gliederung der Unternehmen ist die in Wirtschaftssektoren:

Wirtschaftssektor	Bezeichnung	Beispiele
primärer Sektor	Urerzeugung	Bergbau, Land- und Forstwirtschaft, Fischerei
sekundärer Sektor	Produktion	Industrie/Handwerk, Gas-/Wasserversorgung
tertiärer Sektor	Dienstleistungen	Bank, Gastronomie, Versicherung, Post, Verkehrsbetriebe, Handel
quartärer Sektor	Verwaltung	Ämter/Behörden, Schulen/Universitäten, öffentliche Einrichtungen

2. Die Unternehmen werden eingeteilt in:

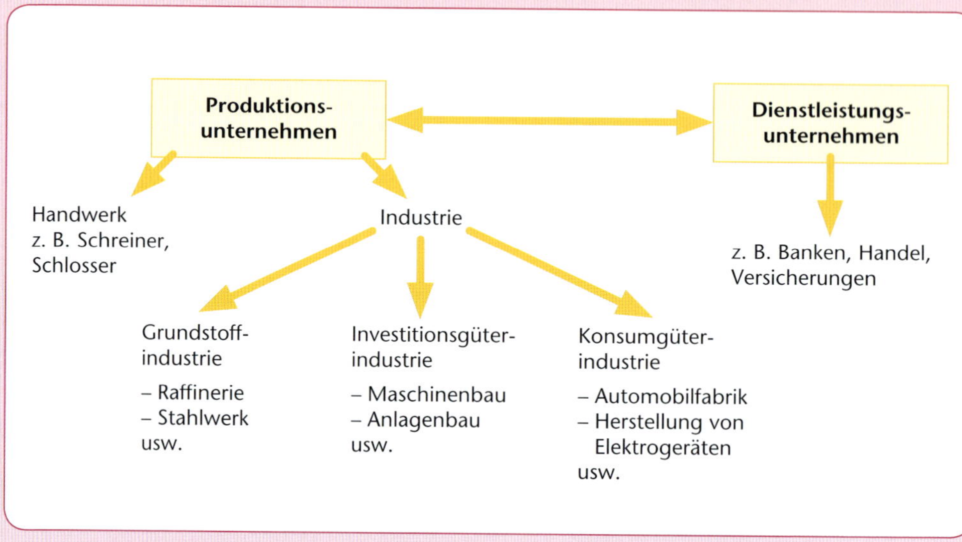

3. Ab einer bestimmten Unternehmensgröße wird der Arbeitsprozess in einzelne Abteilungen und diese wiederum in einzelne Arbeitsplätze aufgegliedert. Sie entsprechen den betriebswirtschaftlichen Grundfunktionen. Zu finden sind als Hauptabteilungen:
   - die Beschaffung der benötigten Güter, aber auch von Beschäftigten und Kapital;
   - die Leistungserstellung, also die Produktion der Güter bzw. die vom Unternehmen angebotene Dienstleistung;
   - der Absatz, also der Vertrieb der Güter oder Dienstleistungen.

Parallel dazu benötigen größere Unternehmen jeweils eine Verwaltung (z. B. für das Personal) und eine Organisation, die die betrieblichen Abläufe koordiniert.

Aufgaben

1. Erstelle eine zusammenfassende Übersicht mit den Begriffen aus den Kapiteln 1.1.1 und 1.1.2. Versuche dabei, möglichst viele (Fach-)Begriffe zu verwenden und diese in Beziehung zueinander zu setzen.
2. Ordne die folgenden Firmen den Wirtschaftssektoren zu und begründen deine Entscheidung jeweils kurz:
   a) Schreinerei
   b) Sägewerk
   c) Möbelfabrik
   d) Möbelgeschäft
   e) Importeur von Furnierholz aus Brasilien
3. Ordne die folgenden Firmen den Industriezweigen zu und begründen deine Entscheidung jeweils kurz:
   a) Hersteller von Smartphones
   b) Bekleidungsfabrik, in der Herrenhosen genäht werden
   c) Baumaschinenhersteller
   d) Herstellung von Stahlröhren
   e) Stromerzeugung im Elektrizitätswerk
   f) Erdölraffinerie

4. Suche zu jeder Art des Industriebetriebs drei Beispiele aus deiner Region.

5. Suche zu den drei großen Dienstleistungsbereichen Handel, Banken, Versicherungen je vier Beispiele aus deiner Region.

6. Betrachte deinen Wohnort und überlege, ob er in einem Ballungsraum liegt und welcher Ort der Hauptort dieses Ballungsraums ist. Wenn du nicht in einem Ballungsraum wohnst, überlege, wie viele Kilometer er von deinem Heimatort entfernt ist.

7. Beschreibe, wie die betriebswirtschaftlichen Grundfunktionen wohl aussehen und was dort genau getan wird
   a) für die Metzgerei, in der du bzw. deine Eltern häufig einkaufen;
   b) für den Supermarkt, in dem du bzw. deine Eltern häufig einkaufen.

8. Recherchiere, ob sich bei der Grafik „Wandel in der Arbeitswelt" auf Seite 8 Änderungen ergeben haben.

9. Fasse für die abgedruckte Grafik die Sektoren zusammen. Bilde dazu einen Wert aus „Produzierendes Gewerbe" und „Bau". Bilde ebenfalls einen Wert für die Dienstleister und berücksichtige dabei den Unterschied zwischen tertiärem und quartärem Sektor. Bedenke, wohin die „Landwirtschaft" gehört.
   a) Wie sieht die Tabelle für 2013 aus, wenn sie nach Wirtschaftsektoren geordnet ist? Ordne auch die aktualisierte Grafik nach diesen Sektoren.
   b) Mache drei Angaben, wie sich die Anteile über die letzten Jahrzehnte verschoben haben.
   c) Suche einen Grund für die Veränderungen.

1.3 Arbeitstechniken

Christian Frank muss sich nun an die Arbeit machen, die Aufgabe steht fest. In seinem bisherigen Schülerleben hat er noch keinen Arbeitsauftrag erledigt, der so komplex war. Deshalb sucht er nach Hilfen, die seine Arbeit erleichtern und ihn davor bewahren, zu viel Zeit zu verlieren. Auch hierfür hat Felix einige Tipps auf Lager.

Arbeitsauftrag:
Recherchiere im Internet, was du unter dem Begriff „Arbeitstechnik" findest und überlege, warum diese Arbeitstechniken auch für dich einen Sinn haben können.

Egal, ob ein Referat auszuarbeiten ist, eine Prüfungsvorbereitung ansteht oder ein anderes Projekt angepackt werden muss, es gibt Arbeitstechniken, die dabei hilfreich sind. Werden sie angewendet, geht die Arbeit zügiger von der Hand, was nicht nur den Vorteil hat, dass die Aufgaben besser erledigt werden können, sondern auch, dass Zeit gespart wird, die dann für private Unternehmungen und Hobbys verfügbar wird. Zwei dieser hilfreichen Arbeitstechniken werden hier vorgestellt.

1.3.1 Zeitmanagement

„Tut mir leid, ich habe heute wirklich keine Zeit, dir beim Vokabellernen zu helfen." Christians Mutter ist im Stress. Die Büroarbeit im Küchenstudio ist ziemlich aufreibend und führt mit ihren weiteren Aufgaben dazu, dass sie manchmal in Zeitnot gerät.

Die Familien in Deutschland leiden vor allem und in immer stärkerem Maß unter Zeitstress. Hier soll das Zeitmanagement helfen. Damit wird die verfügbare Zeit geplant und mit System verwendet. Dabei heißt Zeitmanagement nicht, möglichst 24 Stunden ununterbrochen zu arbeiten, sondern die zur Verfügung stehende Arbeitszeit besser zu nutzen. Ist erst einmal ein Zeitplan aufgestellt worden, sollte er natürlich eingehalten werden, auch wenn dies manchmal nicht ganz so einfach ist. Hierzu einige Ratschläge:

	Problem: Unterbrechungen • stören die Konzentration • erfordern einen ständigen Neuanfang bei der Arbeit	Lösung • der Umwelt klarmachen, dass eine Störung unerwünscht ist • sich an einen störungsfreien Ort zurückziehen
	Problem: fehlende Ruhe • stört die Konzentration • führt zu Unterbrechungen • erhöht die Fehleranfälligkeit	Lösung • an einem ruhigen Ort arbeiten oder Ruhe schaffen • wenn nötig, einen „Wächter" dafür sorgen lassen, dass Ruhe und Konzentration nicht gestört werden

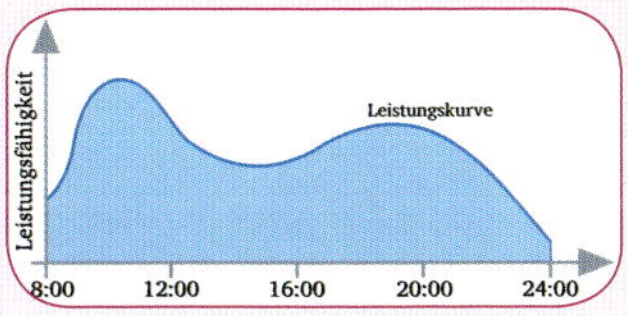	Problem: schwankende Leistungsfähigkeit • Die menschliche Leistungskurve zeigt, dass sich im Tagesverlauf Leistungshochs und Leistungstiefs abwechseln.	Lösung • Leistungskurve bei der Arbeit berücksichtigen • Zeitpunkt und Dauer der Arbeit darauf abstimmen
	Problem: Zeitverlust • durch Phasen der Untätigkeit • durch Trödeln	Lösung • sich selbst Arbeitszeiten setzen • Das absehbare Ende der Arbeit ermöglicht ein zielstrebigeres Arbeiten und spornt an.
	Problem: unüberschaubar große Aufgaben • lähmen die Motivation • erschweren strukturiertes Arbeiten	Lösung • große Aufgaben in sinnvolle kleinere Schritte zerlegen • Einzelne Schritte können schnell abgearbeitet werden. • Nach einer erledigten Aufgabe hat man ein Erfolgserlebnis. • Die Liste der erledigten Schritte wächst stetig. • Die Liste der offenen Schritte schrumpft im gleichen Tempo.
	Problem: fehlende Motivation • Man kann sich nicht aufraffen, langwierige oder langweilige Aufgaben auszuführen.	Lösung • Belohnung • Lob

Aufgaben

1. Sonja ist eine von Christians Mitschülerinnen. Am späten Mittwochnachmittag fällt ihr ein, dass für Mittwoch kommender Woche seit Längerem eine Schulaufgabe im Fach Englisch angesetzt ist – und diese Schulaufgabe muss „sitzen", denn eine weitere schlechte Note in diesem Fach kann sie sich nicht leisten.

Zur Vorbereitung der Schulaufgabe muss Sonja auf alle Fälle rund 100 „neue" Vokabeln lernen und die beiden letzten Lektionen im Englischbuch mit den dazugehörenden Übungen durcharbeiten.
Zum Abfragen der Vokabeln benötigt sie die Unterstützung ihrer Mutter, die aber nur am späten Nachmittag Zeit hat. Falls Unklarheiten bei Texten und Grammatik bestehen, kann ihr der ältere Bruder Jochen helfen. Er ist berufstätig und kommt immer erst gegen 17 Uhr nach Hause. Freitag und Samstag trifft er sich mit seinen Freunden und ist ab 18 Uhr nicht mehr im Haus.
Sonja selbst kommt normalerweise gegen 14 Uhr von der Schule zurück und benötigt (nach dem Mittagessen) etwa eine Stunde für die Erledigung der täglichen Hausaufgaben. Am Donnerstag kommt sie erst gegen 16 Uhr nach Hause, da sie Nachmittagsunterricht hat. Am kommenden Samstag ist sie den ganzen Nachmittag zum Geburtstag einer Freundin eingeladen und am Sonntagnachmittag wird die ganze Familie zu den Großeltern fahren, da sind die Abende auch verloren. Jeden Montag geht sie am Nachmittag zu ihrer heiß geliebten Reitstunde und ist von 15 bis 18 Uhr nicht zu Hause.

a) Von wem und in welcher Weise könnte Sonja noch Hilfe erhalten?
b) Sonja weiß aus dem Schulunterricht, dass die biologische Leistungskurve – und damit die Aufnahmefähigkeit – von Schülern im Tagesverlauf stark schwankt. Recherchiere den Verlauf der biologischen Leistungskurve. Stelle Leistungshochs und Leistungstiefs in zwei Leitsätzen zusammen und berücksichtige diese bei deinen weiteren Überlegungen.
c) Erstelle einen Zeitplan, wie Sonja die (nach ihrer Meinung) benötigten zwölf Stunden für Wiederholung und Vokabellernen sinnvoll in den verbleibenden Tagen unterbringen kann.

2. Überlege dir drei konkrete Vorteile, die du aus der Anwendung des Zeitmanagements hast.

1.3.2 Informationsbeschaffungsstrategien

„Hast du schon mit deiner Arbeit angefangen? Kann ich dir einen Tipp geben?" Stefan Frank ist gespannt, welches Unternehmen Christian genau betrachten will und was er seinen Klassenkameraden erzählen wird. Doch Christian hat noch keinen Überblick. Auf seinem Schreibtisch liegen jede Menge Broschüren und aus dem Internet ausgedruckte Artikel und Berichte. Was soll er seinem Vater sagen? Im Moment ist nur klar, dass er eine Menge Material gefunden hat, aber noch nicht weiß, was davon wirklich zu gebrauchen ist.

Will man mehr über ein Unternehmen erfahren, muss man eine Vielzahl von Informationen sichten. Dabei ist die richtige Herangehensweise der Schlüssel zum Erfolg. Nur dann besteht die Möglichkeit, konsequent und ohne zu großen Zeitaufwand seine Ziele zu erreichen. Und ein Ziel ist, wichtige von unwichtigen Informationen zu unterscheiden. Mit dem so gewonnenen „Konzentrat" gelingt recht schnell ein befriedigendes Ergebnis, also eine anschauliche Unternehmensbeschreibung.
Bei dieser Arbeit helfen die Informationsbeschaffungsstrategien, die im Folgenden kurz inhaltlich dargestellt werden. Da diese Strategien aufeinander aufbauen, ist ihre Reihenfolge nicht zufällig und sollte sinnvollerweise auch nicht verändert werden. Die teilweise recht wissenschaftlich formulierten Bezeichnungen sind nicht bedeutsam, viel wichtiger ist, welches Vorgehen sich dahinter verbirgt.

1. Lesestrategie	Problem/Aufgabe • Informationen aus den verschiedenen Arten ihrer Darstellung (z. B. als Text, als Bild, als Grafik oder als Statistik) erfassen • Informationen verstehen	Lösung • wichtige Inhalte eines Textes markieren (unterstreichen, farbig hervorheben) und zusammenfassen • Grafiken und Bilder inhaltlich erfassen • Querlesen erfordert Übung, aber spart Zeit: Ein Text wird nicht Wort für Wort, sondern in größeren Abschnitten diagonal gelesen. Der Leser überfliegt den Text und erfasst dabei das Wesentliche.
2. Informationsbeschaffungsstrategie	Problem/Aufgabe • Informationsquellen finden, etwa über Suchmaschinen im Internet • Informationsquellen bewerten: Nicht alle Informationen sind verlässlich und wissenschaftlich abgesichert.	Lösung • Kommentare auslassen, da sie häufig nur Meinungen widerspiegeln • Angebot an Informationen kritisch betrachten und eine sinnvolle Auswahl treffen • Auswahl nach Wichtigkeit und Qualität des Inhalts treffen
3. selektive Informationsstrategie	Problem/Aufgabe • in den ausgewählten Quelltexten die benötigten und geeigneten Inhalte finden	Lösung • Wichtiges von Unwichtigem trennen • verlässliche, seriöse Quellen nutzen
4. Ressourcenstrategie	Problem/Aufgabe • geeignete Arbeitsbedingungen schaffen	Lösung • gut organisierter, aufgeräumter Arbeitsplatz • viel Ruhe, wenig Ablenkung • Zeitmanagement • gerechte und inhaltlich klare Verteilung der Aufgaben bei Teamarbeit
5. Problemlösungsstrategie	Problem/Aufgabe • kreative und sinnvolle Erarbeitung der Lösung	Lösung • Fehler und Abweichungen, die sich im Arbeitsprozess einschleichen, von vornherein vermeiden oder ausschließen • Pro-und Kontra-Listen für ein Vorgehen erstellen • Diskussionen mit „Experten" führen, also Personen, die sich im betreffenden Thema gut auskennen

6. Elaborationsstrategie	Problem/Aufgabe • die gewonnenen Erkenntnisse kurz und präzise darstellen und auf den Punkt bringen	Lösung • Tabelle • Tafelbild • Plakat • Mindmap Diese Zusammenfassung bereitet die Präsentation der Ergebnisse vor.
7. Reflexionsstrategie	Problem/Aufgabe • erarbeitete Ergebnisse mit der Aufgabe abgleichen • prüfen, ob Ergebnisse auch kritischen Fragen standhalten	Lösung Die Prüfung der Fehler kann darauf hinweisen: • zu welchem Zeitpunkt des Arbeitsgangs der Fehler entstanden ist; • aus welchem Grund sich Fehler eingeschlichen haben. Für weitere Aufgaben/Projekte können so Fehler vermieden werden, was Zeit und Arbeitskraft spart.
8. Regulationsstrategie	Problem/Aufgabe • Es können immer noch Fehler oder unbeantwortete Details auftauchen. • Vorbereitung auf die Präsentation	Lösung • Letzte Fehler werden behoben und deren Ursachen ausgeräumt. • Vorbereitung auf eventuell auftauchende Fragen

An dieser Stelle ist der Hinweis notwendig, dass diese Strategien kein Lernstoff sind, der auswendig gelernt und dann aufgesagt wird. Sie sind die Beschreibung einer Arbeits- und Vorgehensweise, die eingeübt und ständig angewandt werden sollte, um mit der Zeit besser und erfolgreicher zu arbeiten. Dabei beschränkt sich die Anwendung keineswegs auf das Fach BSK – in allen Unterrichtsfächern geht es um das Sammeln und Behalten von Informationen. Deshalb können diese Strategien das ganze Schulleben hindurch nützlich sein.

Aufgabe

Überlege, wie du dich bisher auf große Leistungsnachweise wie Schulaufgaben vorbereitet hast. Fertige anschließend einen Aufsteller für deinen Arbeitsplatz, auf dem du zehn „gute Ratschläge" festhältst, die sich an den Informationsbeschaffungsstrategien orientieren und deine Vorbereitung künftig besser (effizienter) machen.

1.4 Vorüberlegungen zur Betriebserkundung

Christian Frank weiß zwar noch immer nicht genau, was er bei der Betriebserkundung zu tun hat, doch die erste Unsicherheit ist überwunden. Er beschließt, auf keinen Fall den Betrieb seines Vaters für seine Erkundung zu wählen. Dafür will er eine außergewöhnliche Unternehmung finden, z. B. aus der Luft- und Raumfahrttechnik oder der Automobilbranche.

Arbeitsauftrag:
Schon in der Grundschule werden Betriebsbesichtigungen angesetzt. Notiere, welche(n) Betrieb(e) du mit deiner Grundschulklasse besucht hast, was du dabei gelernt hast und welchem Zweck die jeweilige Besichtigung dienen sollte.

Im Gegensatz zu einer Betriebsbesichtigung, bei der man (meist in Gruppen) durch einen Betrieb geführt wird, setzt man sich bei einer Betriebserkundung viel ausführlicher und weitgehender mit einem Unternehmen auseinander. Vermittelt die Betriebsbesichtigung einen eher oberflächlichen Eindruck von der Arbeit dort, steht am Ende einer Betriebserkundung ein umfassender Überblick über das Unternehmen, seine Tätigkeit und die dort beschäftigten Menschen. Einige grundsätzliche Fragen sollten bereits beantwortet sein, bevor man sich an die eigentliche Arbeit der Erkundung macht:

1. Welches Unternehmen soll es sein? Warum gerade dieses?
   In den meisten Fällen wird man ein Unternehmen wählen, dessen Name bekannt ist bzw. dessen Produkte man kennt oder interessant findet. Auch ist es möglich, ein Unternehmen herauszugreifen, mit dem man häufig zu tun hat, z. B. weil man dort häufig einkauft. Vielleicht lässt sich ein geeignetes Unternehmen auch dadurch finden, dass man in der Familie oder im Bekanntenkreis nachfragt, wer wo beschäftigt ist.
2. Wo bzw. wie erhält man verlässliche Informationen über das gewählte Unternehmen?
   Ein erster Blick ins Internet zeigt schnell, ob man über die Homepage des Unternehmens an die gewünschten Auskünfte kommt. Zur Abrundung sollte man Presseartikel heranziehen, die vielleicht auch nicht ganz so positiv über das Unternehmen berichten, wie dieses sich selbst darstellt. Der Bezug zum Unternehmen wird natürlich noch intensiver, wenn man es besuchen und einen Blick „hinter die Kulissen" werfen kann. Manchmal hat man auch die Möglichkeit, mit einem Beschäftigten des Unternehmens zu sprechen, der aus seiner persönlichen Sicht neue Erkenntnisse beisteuern kann.
3. Welches Unternehmen befasst sich mit Gütern oder Tätigkeiten, für die ich mich interessiere?
   Der Erfolg von Erkundung und Präsentation steigt mit dem Interesse des Autors für das Unternehmen. Wer also gerne Theater spielt, wird und sollte eine andere Wahl treffen als ein Fußballfan. Eigene Interessen und Neigungen zu verfolgen, macht mehr Spaß, als sich mit Dingen zu beschäftigen, die man schrecklich findet. Und nur mit Spaß an der Arbeit wird das Ergebnis gut werden.

Zusammenfassung

1. Eine Betriebserkundung befasst sich mit einem Unternehmen viel ausführlicher als eine Betriebsbesichtigung.
2. Bei der Auswahl des zu erkundenden Unternehmens sollte bedacht werden, dass
   - ein Bezug zum Unternehmen besteht, dass man es selbst oder seine Produkte also bereits kennt;
   - die Chance besteht, über das ausgewählte Unternehmen auch genügend Informationen zu erhalten;
   - das Unternehmen in einem Wirtschaftsbereich tätig ist, der im eigenen Interessenfeld liegt.

Aufgaben

1. Schreibe in jeweils maximal fünf Minuten in einzelnen Spalten untereinander auf:
   - sieben Konsumgüter, die dich in besonderem Maß interessieren;
   - sieben Unternehmen, deren Name bzw. Produkte dich besonders begeistern;
   - sieben Unternehmen, bei denen Mitglieder deiner Familie oder deines Bekanntenkreises beschäftigt sind;
   - sieben Unternehmen, deren Werbung du gut findest;
   - fünf Hobbys oder Interessengebiete, die dir besonders am Herzen liegen.
2. Suche in dem Aufgeschriebenen nach Unternehmen oder Produkten, die mehrfach auftauchen.
3. Überlege, ob es sich hierbei um ein Unternehmen handeln könnte, dessen Erkundung für dich interessant wäre.

1.5 Die Erkundung eines Unternehmens

Christian Frank hat sich für einen am Ort ansässigen Automobilhersteller entschieden. Zuerst sucht er im Internet nach Informationen, stellt aber schnell fest, dass dies für eine umfassende Darstellung nicht reicht. Zudem wird ihm klar, dass er alle Inhalte, die er sammelt, irgendwie ordnen muss, um ein Chaos zu vermeiden.

Arbeitsauftrag:
Finde drei gute Gründe, warum die Erkundung eines Unternehmens eine Struktur (Ordnung) benötigt.

Bei der Erkundung des ausgewählten Unternehmens sollten verschiedene Gesichtspunkte berücksichtigt werden, die in der am Ende zu erstellenden Präsentation wieder auftauchen sollten.

1.5.1 Die Größe des Unternehmens

Die Größe eines Unternehmens kann durch verschiedene Zahlenwerte ausgedrückt werden.

- Während die Grundstücksgröße eines Industriebetriebs keine echte Aussagekraft hat, ist bei Handelsbetrieben die Größe der Verkaufsfläche durchaus interessant. Es ist leicht vorstellbar, welchen Unterschied das Sortiment aufweist, je nachdem, ob ein Supermarkt 800 oder 3 000 qm Fläche hat.

Zur Größe zählt in diesem Zusammenhang auch die Zahl der Niederlassungen und Filialen des Unternehmens.

- Für Unternehmensvergleiche viel bedeutsamer ist die Anzahl der Mitarbeiter. In Wirtschaftsstatistiken wird häufig zwischen Klein-, Mittel- und Großbetrieben unterschieden; bei dieser Zuordnung spielt die Mitarbeiterzahl eine entscheidende Rolle. Es liegt auf der Hand, dass zwischen einem Ein-Mann-Betrieb und einem großen Wirtschaftsunternehmen mit mehr als 10 000 Beschäftigten erhebliche Unterschiede bestehen.
- Dazu kommt, wenn es um Zahlen geht, natürlich immer das Interesse an Finanzzahlen. Hier werden der Umsatz und/oder der Gewinn betrachtet, wobei eine Grundregel sagt:

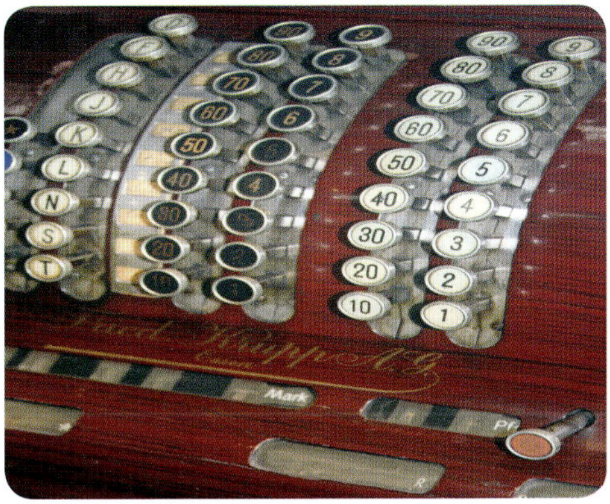

Im Tante-Emma-Laden

Im Supermarkt

Umsatz – Kosten = Gewinn

- Wichtig zu wissen ist, dass jedes Unternehmen einen Umsatz hat, also Güter und Dienstleistungen erstellt, absetzt und dafür Geld einnimmt. Einen Gewinn hat das Unternehmen aber nur, wenn es mehr Geld einnimmt, als es selbst vorher (z. B. für Material, für Löhne, für Miete) eingesetzt oder ausgegeben hat.

Bei allen Zahlenangaben, die ermittelt und später präsentiert werden, ist es wichtig, einen Vergleichsmaßstab mitzuliefern. Eine in den Raum gestellte Zahl sagt nicht allzu viel aus, sie muss richtig eingeordnet werden könne. Die Tatsache, dass ein Metzger in Mittelfranken 900 Anteilscheine an Kunden vergeben hat, erweist sich erst dann als Kleinigkeit, wenn man weiß, dass die Volkswagen AG rund 400 Millionen Aktien ausgegeben hat.

1.5.2 Der Tätigkeitsbereich des Unternehmens

Das ausgewählte Unternehmen ist entweder ein Produktionsbetrieb oder ein Dienstleistungsunternehmen. Produktionsbetriebe, also Industrie- oder Handwerksbetriebe, stellen ein oder mehrere Produkte in unterschiedlichen Mengen her.

Beispiele:

- *Im Bereich „Kraftwerke“ der Siemens AG werden im Lauf mehrerer Jahre nur einige wenige, dafür aber sehr unterschiedliche Anlagen erstellt, die zudem in verschiedenen Ländern auf den einzelnen Kontinenten der Erde errichtet werden.*
- *Die Volkswagen AG produziert von ihrem Modell „Golf“ weltweit am Tag einige Tausend Stück, die alle vom gleichen Basismodell abgeleitet sind und sich nur in Farbe, Motorisierung und Ausstattung unterscheiden.*

Die Zahl der Produkte und die produzierten Mengen sind also nur dann aussagekräftig, wenn ein Vergleichsmaßstab vorhanden ist, wenn also dargestellt wird, wie viele dieser Produkte in Deutschland oder weltweit produziert werden. Erst durch diesen sogenannten „Marktanteil" erschließt sich für einen nicht informierten Außenstehenden die Bedeutung des Unternehmens. Zusätzlich kann das Unternehmen in das bereits dargestellte Schema der Industriebetriebe eingeordnet werden.
Die Mehrzahl der in Deutschland tätigen Unternehmen sind Dienstleistungsunternehmen. Ihnen wird ein genaues Tätigkeitsfeld zugeordnet (z. B. Handelsbetriebe, Banken, Versicherungen, Gastronomie- und Beherbergungsbetriebe) und die Gesamtheit der angebotenen Leistungen erschlossen.

Beispiele:

- *Eine „normale" Geschäftsbank oder Sparkasse bietet ihren Kunden Kontoführung, Geldgeschäfte wie Überweisungen, Geldanlagen und Kredite an. Es gibt aber auch Spezialbanken, wie z. B. Bausparkassen oder Teilzahlungsbanken, die sich (wie der Name schon sagt) auf ganz spezielle Bereiche des Geldwesens spezialisiert haben.*
- *Aus dem weiten Feld des Handels nehmen die Verbraucher vor allem den Einzelhandel wahr. Dieser zeigt höchst unterschiedliche Erscheinungsformen, von den großen Supermarktketten (ob Aldi, Lidl, Rewe, Edeka oder Real) über die Kaufhäuser (wie z .B. Karstadt und Kaufhof) bis hin zu der Vielzahl kleiner und kleinster Geschäfte und Boutiquen.*

1.5.3 Der Standort des Unternehmens

Die Angabe von Ort, Straße und Hausnummer genügt hier natürlich nicht. Weitaus interessanter ist die Überlegung, warum ein Unternehmen genau diesen Standort gewählt hat. Es gibt vielfältige Gründe, die hierfür ausschlaggebend sein können:

- So entstehen viele Betriebe einfach an dem Ort, an dem der Gründer wohnt.
- Zielgerichteter ist die Standortsuche, wenn das Unternehmen z. B. bestimmte Rohstoffe wie Steinkohle oder Eisenerz benötigt und die Nähe der Lagerstätten sucht.
- Auch finanzielle Vorteile wie billige Grundstücke oder niedrige Mieten und eine geringe Steuerlast können ein Unternehmen anlocken.
- Ebenso können verringerte Umweltauflagen ein Grund sein, wie dies in vielen Entwicklungsländern der Fall ist. Im Gegensatz dazu sind in Deutschland bei der Ansiedlung eines Unternehmens strenge Vorschriften und Auflagen zu beachten.
- Daneben gibt es eine Reihe von Unternehmen (wie z. B. den Einzelhandel), die die Nähe zu den Kunden suchen.

Beispiele:

- *Viele Einzelhandelsbetriebe wollen in den Fußgängerzonen großer Städte ein Geschäft eröffnen, da hier die meisten Passanten unterwegs sind. Dafür nehmen sie zum Teil horrende Mieten in Kauf, die sie nur durch hohe Verkaufsumsätze bezahlen können.*
- *Einkaufsmärkte bevorzugen Stadtrandlagen mit guter Verkehrsanbindung, da die meisten Kunden zum Großeinkauf wöchentlich vorbeikommen und mit dem Auto unterwegs sind.*
- *Spezialgeschäfte (z. B. exklusive Vorzeigeläden bekannter Sportartikelmarken oder einiger Hersteller hochwertiger Schreibgeräte) findet man fast ausschließlich in größeren Städten, da sie auf dem Land zu wenig Kunden im Umkreis haben.*

Allgemeiner Überblick über die Motive zur Standortwahl:

Einzelhandelsbetriebe	Sie sind meist kundenorientiert, d. h., sie sind dort zu finden, wo auch die Käufer sind. Deshalb werden Güter des täglichen Bedarfs (wie z. B. Lebensmittel) „um die Ecke“ angeboten, ausgefallenere Waren meist nur im Zentrum eines größeren Ortes, wo aber hohe Mieten und Grundstückspreise zu zahlen sind.  *Wegen der hohen Passantenzahlen konzentrieren sich Einzelhandelsgeschäfte in Fußgängerzonen.*
Großhandelsbetriebe	Der Großhandel kauft von verschiedenen Herstellern Waren in großen Mengen ein und verteilt sie an den Einzelhandel, der oft nur kleine Mengen benötigt. Großhandelsbetriebe sind deshalb überwiegend verkehrsorientiert und meiden Stadtzentren, da sie auf günstige Liefermöglichkeiten angewiesen sind.  *Der Großhandel benötigt eine gute Verkehrsanbindung.*
Industriebetriebe	Sie sind je nach ihrem Produktionsprogramm rohstoff-, arbeitskraft- oder absatzorientiert. Wo sie letztendlich ihren Standort wählen, richtet sich nach der Art der Unternehmung bzw. nach ihren Produkten, deren Herstellungsverfahren und den hierbei benötigten Rohstoffen. Der große Platzbedarf zwingt sie oft, die Innenstädte zu verlassen.

1.5.4 Die Abnehmer/Kunden des Unternehmens

Produkte bzw. das Tätigkeitsfeld eines Unternehmens bestimmen weitgehend den Kreis der Kunden und Abnehmer. Die Wünsche der Kunden müssen für ein Unternehmen immer im Mittelpunkt stehen, wenn es am Markt erfolgreich sein will. Der Kundenkreis eines Unternehmens ist aber häufig sehr unterschiedlich.

Beispiele:
- *Ein Schreibwarenladen „um die Ecke" hat als Kunden vor allem Schülerinnen und Schüler, die auf dem Weg in die Schule hier schnell benötigtes Material einkaufen. Anders der Discounter am Stadtrand, der immer zu Schuljahresbeginn Schulutensilien anbietet. Dort können Schülerinnen und Schüler (zusammen mit ihren Eltern) einen Großeinkauf zu verbilligten Preisen tätigen.*
- *Noch deutlicher ist der Unterschied zwischen dem Metzger in der Nachbarschaft und der Fleischwarenfabrik im Industriegebiet, die für eine Supermarktkette im gesamten süddeutschen Raum produziert.*

Aus diesem Blickwinkel sollte man das ausgewählte Unternehmen kurz betrachten und den Kundenkreis berücksichtigen. Vielleicht sind die Kunden ja über die ganze Welt verstreut. Dies stellt eine besondere Herausforderung dar, da nicht nur große Entfernungen zu den Kunden überbrückt werden müssen. Es zeigen sich auch Unterschiede in den Kundenwünschen, denn der Kunde im heißen Norden Afrikas hat andere Bedürfnisse als der Kunde im Süden Grönlands.

1.5.5 Die Öffentlichkeitsarbeit des Unternehmens

- Hier sollte man sich ansehen, ob und in welcher Weise das Unternehmen durch Werbung auf sich und seine Produkte aufmerksam macht. Erfahrungsgemäß werben z. B. Einzelhandelsbetriebe häufig, aufwendig und in vielfältiger Weise (z. B. durch Werbeanzeigen, Werbebeilagen in Tageszeitungen, aber auch in regional ausgestrahlten Fernsehprogrammen). Wer als Industriebetrieb dagegen Zulieferteile für andere Hersteller produziert (z. B. die Vordersitze für die Automodelle Ford Focus und C-Max), wird in der Öffentlichkeit kaum bekannt sein. Es ist für ihn auch nicht notwendig, denn seine Kunden wollen von ihm ein hoch spezialisiertes Produkt. Dieses Produkt kauft kein Privatmann und es wird nur von wenigen Unternehmen angeboten.
- Neben der Werbung, die uns täglich in den Medien oder im Briefkasten begegnet, spielt heute der Internetauftritt eines Unternehmens eine genauso wichtige Rolle. Betrachtet man diese Auftritte kritisch, stellt man schnell fest, dass manche gut und manche schlecht gemacht sind. Dies beginnt bei der Aktualität der angebotenen Informationen (z. B. interessiert der Betriebsurlaub vom 15. bis 31. Januar Anfang März niemanden mehr). Wichtig ist aber auch die Schnelligkeit, mit der man gesuchte Informationen finden kann. Es ist durchaus interessant, nachzuprüfen, wie viele Klicks man benötigt, um an gewünschte Informationen zu gelangen.
- Von zunehmender Bedeutung sind auch von den Unternehmen angebotene Kunden-Hotlines, also die Möglichkeit, mit dem Unternehmen (möglichst kostenlos) telefonisch Kontakt aufzunehmen. Auch hier ist das entscheidende Kriterium, ob der Anrufer von einer Hilfskraft in einem ins Ausland ausgelagerten Callcenter allgemeine Aussagen oder von einem Mitarbeiter des Unternehmens fundierte Antworten auf seine Fragen erhält.

1.5.6 Kontakt mit dem Unternehmen

Man sollte unbedingt jede Chance nutzen, um mit dem ausgewählten Unternehmen in Kontakt zu treten und sich dort persönlich umzusehen bzw. ein Gespräch zu führen. Klar ist in diesem Fall, dass ordentliches Auftreten (nicht nur bezogen auf die Kleidung) und Höflichkeit oberstes Gebot ist.
Ein persönliches Gespräch muss sorgfältig vorbereitet werden. Dazu gehört,
- sich über das Unternehmen, also dessen Standort, Größe und Tätigkeitsfeld vorab zu informieren;

- gezielte Fragen zu stellen, die man entsprechend ausgearbeitet hat; es genügt nicht, nur „da" zu sein und auf das zu warten, was erzählt wird. Hier hilft ein Beobachtungsbogen, auf dem die zu stellenden Fragen bzw. die zu ermittelnden Informationen sinnvoll gegliedert und in ordentlicher Form aufgeschrieben werden (es macht keinen guten Eindruck, mit einem Schmierzettel aufzutreten). Dieser Bogen kann „vor Ort" ausgefüllt werden und sollte Platz für Notizen enthalten, da sicher auch Eindrücke und Fakten festzuhalten sind, die im Vorfeld nicht bedacht worden sind;
- ein Gefühl für die Atmosphäre im jeweiligen Unternehmen zu entwickeln;
- angebotenes Material und schriftliche Unterlagen mitzunehmen und zu Hause auf der Suche nach wichtigen Informationen durchzuarbeiten;
- sich am Ende des Gesprächs für die Auskünfte und die aufgewendete Zeit zu bedanken, denn Schüler, die Fragen stellen, bedeuten für jedes Unternehmen, dass sich Mitarbeiter Zeit nehmen müssen, was letztendlich Geld kostet.

Empfehlenswert ist, eine Kamera mitzunehmen, um eigene Fotos vom Unternehmen und den Tätigkeitsbereichen zu machen. Diese helfen, die Präsentation persönlich zu gestalten und sich an wichtige Details des Besuchs im Unternehmen zu erinnern. Auf alle Fälle muss aber vor dem Fotografieren um Erlaubnis gebeten werden, da viele Unternehmen aus Angst vor Werksspionage das Fotografieren generell verbieten.
Nach dem Besuch des Unternehmens und dem Sammeln aller Fakten und Informationen kann die Präsentation erarbeitet werden.
Möglicher Aufbau des Beobachtungsbogens mit Inhalten:

Bereich	**Zu ermittelnde Inhalte (Beispiele)**
Grunddaten des Unternehmens	Sitz, Gründungsjahr, Eigentümer, Branche, Tätigkeit
Leistungserstellung	Sortiment bzw. angebotene Dienstleistungen, Hauptabteilungen, Zahl der Mitarbeiter eigene und zugekaufte Produkte, Ausstattung mit Maschinen, bei Industriebetrieben das Produktionsverfahren usw.
Absatz	Wer und wo sind die Kunden? Werbemaßnahmen, Konkurrenz auf dem Markt, Umsatz bzw. Gewinn
Mitarbeiter/Auszubildende	Welche Ausbildungsberufe, welche Qualifikationen werden erwartet? Mitarbeiterbeschaffung, Entscheidungskriterien bei der Einstellung

Zusammenfassung

Bei der Erkundung eines Unternehmens sollten bestimmte Gesichtspunkte untersucht werden, die dann die Gliederung der Präsentation widerspiegelt.

Kriterium	**Erklärung**	**Beispiele**
Die Größe des Unternehmens	… lässt sich weniger aus der Fläche als vielmehr aus der Mitarbeiterzahl ersehen und durch den Umsatz bzw. Gewinn darstellen. Nur der Gewinn sagt etwas darüber aus, wie erfolgreich ein Unternehmen am Markt tätig ist.	
Zahlenwerte	Für Klarheit sorgt bei den Zahlenwerten immer ein verständlicher Vergleichsmaßstab, da nur so deren Bedeutung und Gewicht eingeschätzt werden können.	

Der Tätigkeitsbereich	… erschließt sich über die Zuordnung im System der Wirtschaftssektoren und der Unternehmensarten.	
Standort	Der von einem Unternehmen gewählte Standort kann von verschiedenen Faktoren abhängig sein, wie z. B.:	
	Zufall	Gründer wird an seinem Geburtsort tätig.
	finanzielle Erwägungen	Preiswerte Grundstücke oder Steuervorteile sind für die Ansiedlung ausschlaggebend.
	Abhängigkeit von Rohstoffen	Die notwendigen Rohstoffe kommen in der Nähe des Betriebs vor.
	Bedarf an vielen (qualifizierten) Arbeitskräften	Unternehmen zieht in die Ballungsräume, wo viele Menschen leben und Arbeit suchen.
	Verkehrsanbindung	Vor allem Produktions- und Handelsbetriebe benötigen eine gute Infrastruktur (Schiene, Straße, Flughafen, Wasserstraßen usw.).
Kundenkreise	Unterschiedliche Unternehmen haben unterschiedliche Kundenkreise, je nach angebotenem Produkt.	
Öffentlichkeitsarbeit	Die Öffentlichkeitsarbeit eines Unternehmens hat verschiedene Facetten:	
	Die Werbung	… ist der Versuch, Kunden auf ein Unternehmen und dessen Produkte aufmerksam zu machen und zum Kauf dieser Produkte zu animieren.
	Der Internetauftritt	… gewinnt immer mehr an Bedeutung, da viele Menschen sich über Unternehmen und Güter bzw. Dienstleistungen zuerst kurz im Internet informieren wollen.
	Telefon-Hotline	Bei Fragen und Reklamationen erwarten Kunden Beratung und Hilfestellung durch eine möglichst kostenfreie Telefon-Hotline.

Nach einer guten Vorbereitung ist ein Besuch des ausgewählten Unternehmens immer ein Gewinn. Ein Beobachtungsbogen hilft, die Informationen und Eindrücke festzuhalten. Durch höfliches und ordentliches Auftreten kann man im Unternehmen Pluspunkte sammeln.

Aufgaben

… zur Internetrecherche

Sicherlich kennst du in deinem Wohnort oder der Region Beispiele für folgende Unternehmen:

- Pizza-Lieferservice
- Sportartikelfachgeschäft
- PC-Fachgeschäft
- Fahrradwerkstatt/-händler
- Lebensmittelmarkt einer großen Kette (EDEKA, REWE, SPAR, Real, Globus, ...)

1. Suche jeweils ein Unternehmen heraus und notiere den Namen.
2. Ermittle für jedes Unternehmen folgende Informationen:
   - Öffnungszeiten
   - Telefonnummer
   - Anfahrt/Lage
   - Eigentümer/Geschäftsführer
   - aktuelle Sonderangebote/Aktionen (sind diese wirklich aktuell?)
   - aktuelle Stellenangebote (Festanstellung, Aushilfe, Ferienjob)

   Notiere, wie viele Klicks du benötigt hast, um an die gewünschte Information zu kommen.
3. Stelle die Ergebnisse unter Verwendung eines Textverarbeitungs-/Präsentationsprogramms in einer übersichtlichen Tabelle zusammen.

... zu 0800-Nummern

1. Ermittle, ob die in der Internetrecherche untersuchten Unternehmen eine Freecall-Nummer (0800) anbieten.
2. Warum schalten Unternehmen eine solche Nummer? Stelle Vor- und Nachteile übersichtlich gegenüber.

Tipp: Besuche als Hilfe die Homepage von Anbietern solcher Nummern.

... zum Standort eines Unternehmens

1. Suche in deiner Region je ein Beispiel für einen Industriebetrieb, der rohstoff-, absatz und arbeitskraftorientiert ist.
2. Betrachte den Stadtplan von Groß-Stadt.

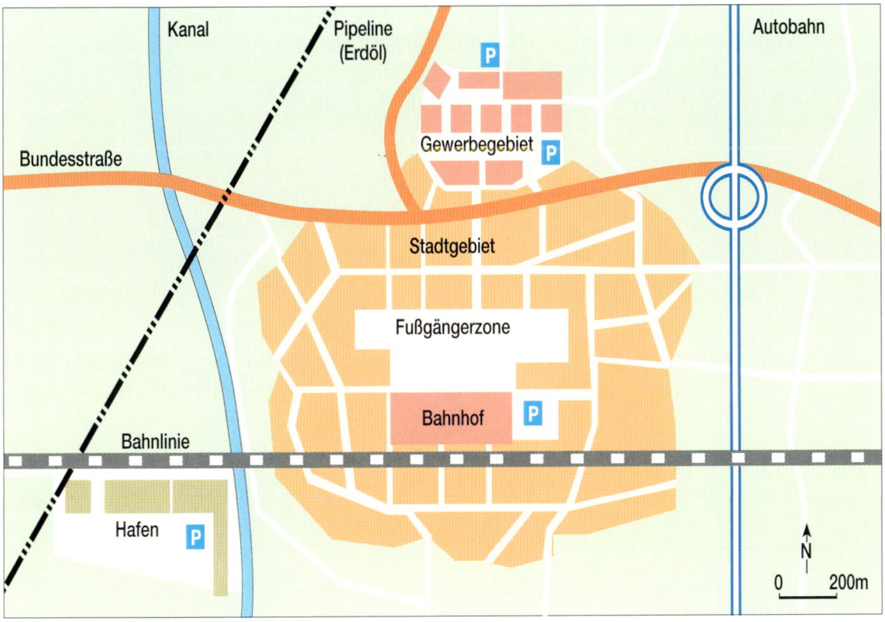

Stadtplan von Groß-Stadt

Wo sollte der Standort sein für

a) eine Erdölraffinerie?
b) ein Stahlwerk?
c) einen Baumarkt?
d) einen Verbrauchermarkt?
e) ein Fachmarktzentrum mit vielen verschiedenen Ladengeschäften?
f) ein Lederfachgeschäft?
g) eine Großtankstelle?
h) einen „Tante-Emma-Laden"?
i) eine Schlosserei?

Benenne die einzelnen Standorte in der Karte möglichst genau und gib jeweils eine kurze Begründung für deine Entscheidung.

3. Christian Franks Vater ist Inhaber eines Küchenstudios und einer Schreinerei zur Anfertigung von Möbeln nach Kundenwunsch. Das Küchenstudio befindet sich in einer gut frequentierten Hauptstraße in München, die Schreinerei dagegen in einem Gewerbegebiet am östlichen Stadtrand von München.
   a) Warum wurden die unterschiedlichen Standorte gewählt?
   b) Welche Vor- und Nachteile ergeben sich aus dem jeweiligen Standort?

... zum Beobachtungsbogen

Erstelle für den von dir ausgewählten Betrieb einen Beobachtungsbogen. Wende dabei deine im Fach „Informationsverarbeitung" erworbenen Kenntnisse im Umgang mit einem Textverarbeitungsprogramm an. Formuliere die notwendigen Fragen und halte dich an die im Kapitel 1.5 aufgeführten Stichpunkte.

1.6 Präsentation

Christian Frank ist mit sich selbst zufrieden, er hat eine Menge Informationen über „sein" Unternehmen zusammengetragen. Nun muss er diese noch zusammenfassen. Eigentlich möchte er alles am Computer gestalten, doch ist er nicht sicher, ob ihm das gelingt. Aber er kennt auch noch andere Möglichkeiten.

Arbeitsauftrag:
Überlege, wann du zuletzt etwas vorgetragen oder über ein Thema referiert hast. Notiere, an welche Erfahrungen du dich gerne und an welche weniger gerne erinnerst.

Wurde ein gut ausgearbeiteter Beobachtungsbogen verwendet (vgl. Kapitel 1.5.6), so ist die Struktur (Gliederung) der Präsentation zum Großteil bereits vorgegeben.

Präsentationsmöglichkeiten

Plakat	• einfachste Möglichkeit • knappe, übersichtliche Darstellung • begrenzter Platz für Informationen	• ausgewählte und wichtige Fakten • klare Gliederung der Inhalte • angemessene Schriftgröße • Verwendung von Farben, nicht nur zur Dekoration, sondern zweckgebunden zur Gliederung und Ordnung des Inhalts
fortlaufender Text • Zeitungsartikel • Beitrag im Jahresbericht • Aufsatz	• bietet die Möglichkeit, ausführlich zu berichten • als Aushang oder Handout geeignet	• Gliederungsstruktur der einzelnen Textabsätze sollte erkennbar sein. • Farbliche Gestaltung ist zu vermeiden. • Hervorhebung wichtiger Fakten durch Fettschrift oder Unterstreichung • aussagekräftige Bilder zur Auflockerung und Unterstreichung • Umfang des Textes darf nicht zu groß werden, damit das Interesse erhalten bleibt und die Konzentration nicht leidet.
Verwendung eines Präsentationsprogramms	• geordnete, knappe Darstellung der Erkenntnisse auf aufeinanderfolgenden Folien • Folien werden aufeinanderfolgend mit einem Beamer an eine Projektionsfläche projiziert.	• auf stimmige Reihenfolge und sinnvolle Zusammenstellung der Inhalte achten • Inhalte müssen wie bei allen Präsentationsmöglichkeiten sprachlich und grammatikalisch einwandfrei sein.

Auch wenn kein Präsentationsprogramm zur Darstellung der Ergebnisse benutzt wird, sollte der Vortragende darauf achten, dass seine Folien bzw. der Tafelanschrieb übersichtlich, aussagekräftig und auf das Wesentliche beschränkt sind.

Folgende Faustregeln helfen, die Folien übersichtlich zu gestalten:
- Der Zeilenabstand sollte mindestens 1,5-fach sein.
- Die Schriftgröße sollte mindestens 20 pt betragen.
- Es sollten maximal drei verschiedene Schriftgrößen und drei unterschiedliche Schriftarten verwendet werden.
- In einer Zeile sollten nur bis zu sechs Wörter stehen.
- Die Beschriftung sollte nicht bis zum Rand reichen.
- Pro Folie sollten nicht mehr als acht Infopunkte aufgeführt werden.
- Starke Kontraste sind zu bevorzugen, da die Präsentation am Beamer sonst matt wirkt.
- Die Folien sollten durch Bewegung, Verbindungspfeile, Abbildungen usw. optisch aufbereitet sein.

Eine gute Präsentation zeichnet sich auch aus durch dezente Farbgebung bei farblich hinterlegten Texten und ruhige, nicht zu häufig wechselnde Übergänge. Aus Psychologie und Medizin ist zudem bekannt, dass starke Wechsel zwischen hellen und dunklen „Bildern" das Auge des Betrachters stark anstrengen. Wird dies bei der Präsentation und den Folienübergängen berücksichtigt, strahlt die Präsentation eine gewisse Ruhe aus.

Handout

Um Betrachtern und Zuhörern das Mitdenken und Merken zu erleichtern, können die Folien ganz oder teilweise als Handout ausgedruckt und verteilt werden. Häufig finden die Zuhörer eine Präsentation ermüdend, wenn der Vortragende sich darauf beschränkt, die Einzelfolien zu projizieren und deren Inhalt vor- bzw. abzulesen. Um dies zu vermeiden, sollte man überlegen, ob nicht auf den Folien nur die Kernaussagen festgehalten werden und einige Zusatzinformationen im Begleitvortrag auftauchen. Auf diese Weise werden aufmerksame und interessierte Zuhörer angeregt, selbst einiges mitzuschreiben. Zudem gewinnt die Präsentation durch die Aktivität der Betrachter. Zur optischen Auflockerung bietet es sich natürlich an, ein oder mehrere Fotos des vorgestellten Unternehmens einzubauen.

Vortrag

Während des Vortrags bzw. der Präsentation ist auf folgende Punkte zu achten:
- langsam sprechen;
- laut und deutlich sprechen;
- nicht vom Blatt ablesen, besser mithilfe von Stichpunkten auf Karteikarten frei vortragen;
- immer wieder Blickkontakt mit der Klasse aufnehmen;
- aufrecht stehen oder sitzen.

Rückfragen und Kritik

Nicht vergessen sollte der Vortragende, dass am Ende einer solchen Präsentation den Zuhörern Gelegenheit gegeben wird, Rückfragen zu stellen. Bei der Beantwortung kann der Autor der Präsentation dann zeigen, dass er sich „in seinem" Unternehmen wirklich auskennt. Dies gelingt aber nur, wenn die Erkundung sorgfältig durchgeführt worden ist und folglich auf alle gestellten Fragen eine befriedigende Antwort gegeben wird.

Nach der Präsentation ist es sinnvoll, kritisch zurückzublicken und festzustellen, was gut und was schlecht war. Dabei hilft Selbstkritik, aber auch Aussagen der Angesprochenen zeigen schnell, was bei späteren Projekten und Präsentationen optimiert werden kann. Soll dies „Hand und Fuß" haben, kann ein Beurteilungsbogen erstellt, ausgeteilt und nach dem Ausfüllen ausgewertet werden. Wichtig wäre bei der Erstellung eines solchen Blattes, dass möglichst gezielte und präzise Fragen gestellt werden. Nur so sind aussagekräftige Hinweise und Anregungen zu erhalten. Es wird also nicht gefragt: „War die Präsentation gut?", sondern: „Was war an der Präsentation gut?" Natürlich sollte auch nach negativen Eindrücken usw. gefragt werden.

Zusammenfassung

1. Die einfachste Art der Präsentation besteht in der übersichtlichen Gestaltung eines Plakats, das die wesentlichen Erkenntnisse zusammenfasst.
2. Die gewonnenen Erkenntnisse können auch in einem sachlichen Bericht schriftlich festgehalten werden.
3. Aufwendiger ist die Verwendung eines Präsentationsprogramms, bei dem alle wesentlichen Inhalte geordnet auf Folien festgehalten werden, oder ein Tafelbild, unterstützt von Overhead-Folien.

4. Eine gute Präsentation ist mehr als das Vorlesen der gezeigten Folien oder Texte.
5. Das Zuhören wird erleichtert, wenn ein Handout die wichtigsten Inhalte in schriftlicher Form anbietet.
6. Fragen der Zuhörer müssen erwartet und fundiert beantwortet werden.
7. Nach der Präsentation sollte deren Qualität kritisch betrachtet und (möglichst von Beobachtern) beurteilt werden (eventuell mit einem Beurteilungsbogen).

Aufgaben

1. Entwirf einen Beurteilungsbogen, der den Teilnehmern deiner Präsentation die Möglichkeit gibt, Kritik und Anregungen vorzubringen. Achte auf den Umfang (nicht mehr als eine Seite) und die Formulierung knapper, präziser Fragen.
2. Schreibe auf einem handlichen Merkzettel in großer Schrift auf, was du bei deiner Präsentation keineswegs vergessen solltest bzw. welche Verhaltensweisen zu vermeiden sind. Tipp: Lege diesen Merkzettel bei der Präsentation vor dir auf den Tisch.
3. Erstelle Karteikarten mit Stichpunkten zu deiner Präsentation.

1.7 Rechenverfahren zur Beurteilung von Unternehmen

Zu gerne wüsste Christian Frank, wie viel das Unternehmen seines Vaters durchschnittlich an Gewinn abwirft. Auch die Frage, wie und an wen dieser Gewinn verteilt wird, beschäftigt ihn. Doch leider hat er darauf keine klare Auskunft erhalten. „Wenn du mal mehr davon verstehst", hat ihn sein Vater vertröstet.

Um die wirtschaftliche Lage und den Erfolg eines Unternehmens zu beurteilen, muss man – wie bereits erwähnt – bestimmte Berechnungen anstellen. Dabei können, neben der Gewinnberechnung selbst, zwei Rechenverfahren hilfreich sein, die hier vorgestellt und anhand einiger Aufgaben angewendet werden.
Für die Berechnung des Unternehmensgewinns (die in der 8. Jahrgangsstufe erfolgt) genügen Kenntnisse in den vier Grundrechnungsarten. Bei weitergehenden Analysen von Unternehmensdaten helfen besondere Rechenverfahren. Sie basieren zwar auch auf Kenntnissen der Grundrechenarten, erfordern aber einen bestimmten Rechenweg, also ein systematisches Vorgehen.

1.7.1 Die Durchschnittsrechnung

Durchschnittswerte sind in vielen Bereichen der Wirtschaft von Bedeutung. Sie helfen beispielsweise, einen angegebenen Umsatz durch Vergleich mit den Umsätzen anderer Unternehmen zu beurteilen. Auch Verkaufsmengen, Unternehmensgrößen, Lagerbestände, Mitarbeiterzahlen usw. werden erst bewertbar, wenn Vergleichsgrößen bekannt sind oder berechnet werden.

Beispiel:
Der Elektrogroßhändler „TV-Partner GmbH" (er beliefert Elektrofachgeschäfte mit Waren) hat im vergangenen Jahr 6 400 TV-Geräte verkauft. Ob das Unternehmen damit zu den Großen der Branche (Branche = alle Unternehmen eines Geschäftsgebietes) gehört, lässt sich zunächst nicht beurteilen.

Folgende Tabelle gibt Einblick in Absatzzahlen und Anzahl der Mitarbeiter des Unternehmens und einiger Konkurrenten:

Unternehmen	Anzahl der Verkäufe	Zahl der Mitarbeiter
TV-Partner GmbH	6 400	12
Movie-Star AG	8 550	21
Komet Handels GmbH	17 900	46
TV and More KG	4 840	9
Meyer OHG	7 120	15

Nun kann man berechnen, wie viele TV-Geräte im Durchschnitt ein Unternehmen verkauft hat.

$$\text{einfacher Durchschnitt} = \frac{\text{Summe der Einzelbeträge}}{\text{Anzahl der Beträge}}$$

Für die Absatzzahlen gilt somit:

$$\text{einfacher Durchschnitt} = \frac{6\,400 + 8\,550 + 17\,900 + 4\,840 + 7\,120}{5} = \frac{44\,810}{5} = 8\,962 \text{ Stück}$$

Gehört „TV-Partner GmbH“ damit zu den Großen der Branche?
Aber auch andere Werte lassen sich berechnen:
So ist z. B. die Frage interessant, ob die Mitarbeiter der „TV-Partner GmbH“ effektiv (= „erfolgreich“) arbeiten. Wie viele TV-Geräte hat ein Mitarbeiter im Durchschnitt verkauft? Bei der „TV-Partner GmbH“ sind es 6 400:12 = 533,33, also ca. 533 Geräte (eine Nachkommastelle ist hier wenig sinnvoll, da nur ganze Geräte verkauft werden können).

Aufgaben

1. Berechne, wie viele TV-Geräte die Mitarbeiter der anderen Unternehmen im Durchschnitt verkauft haben.
2. Mache auf Basis der angegebenen Zahlen eine Aussage, wie effektiv (wirkungsvoll) die Mitarbeiter in den einzelnen Unternehmen arbeiten.
3. Der PC-Großhändler „Bits&Bytes GmbH“ hat im Laufe des Jahres folgende Umsätze in Euro erzielt:

	PC	Notebook	Monitor
1. Quartal	120 400,00	231 700,00	94 090,00
2. Quartal	165 900,00	244 100,00	77 410,00
3. Quartal	147 340,00	294 000,00	65 900,00
4. Quartal	238 460,00	356 420,00	124 700,00

   a) Ermittle für jede Produktart den durchschnittlichen Umsatz.
   b) Ermittle für jedes Quartal den durchschnittlichen Umsatz.
   c) Ermittle den durchschnittlichen Umsatz insgesamt.

4. Der Süßwarengroßhändler „Hurra GmbH“ hat für das abgelaufene Geschäftsjahr folgende Lagerwerte ermittelt:

   a) Anfangsbestand = Lagerwert am 01. Januar: 247 500,00 €
   Schlussbestand = Lagerwert am 31. Dezember: 198 700,00 €
   Ermittle den durchschnittlichen Lagerwert.

b) Um genauer arbeiten zu können, hat die Verwaltung die Lagerwerte zum Ende eines jeden Monats angefordert. Nun ergibt sich folgendes Bild:

01.01.: 247 500,00 €	31.01.: 298 410,00 €	28.02.: 256 880,00 €	31.03.: 304 206,00 €
30.04.: 312 580,00 €	31.05.: 279 060,00 €	30.06.: 224 700,00 €	31.07.: 198 410,00 €
31.08.: 221 630,00 €	30.09.: 269 400,00 €	31.10.: 356 900,00 €	30.11.: 344 120,00 €
31.12.: 198 700,00 €			

Ermittle nun den durchschnittlichen Lagerwert.

c) Warum kommt es zu einer Abweichung vom oben ermittelten Wert?

1.7.2 Die Verteilungsrechnung

Eine gute Hilfe für die Berechnung und Beurteilung z. B. des Marktanteils stellt die Verteilungsrechnung dar. Mit ihr können Anteile an einer Gesamtmenge berechnet werden. Meist werden diese in Prozent angegeben[1].

Das Grundprinzip der Verteilungsrechnung ist immer das gleiche:

Eine Gesamtmenge wird mithilfe eines Verteilungsschlüssels in einzelne Anteile aufgeteilt. Dies funktioniert z. B. bei folgenden Berechnungen:

- Verteilung von Gewinnen auf die Gesellschafter eines Unternehmens,
- Verteilung von Maschinenkosten für die Herstellung verschiedener Produktarten,
- Verteilung von Heizkosten auf verschieden große Wohnungen.

Aber auch im privaten Bereich kann die Verteilungsrechnung wertvolle Dienste leisten, z. B. bei der Verteilung von Ausgaben oder Einnahmen unter Privatleuten, wenn die Kosten für eine gemeinsame Feier verteilt werden sollen

Beispiel:

Franziska, Stefan, Stella, Michael und Thomas haben gemeinsam einen Stand am Flohmarkt. Die Standgebühr beträgt für ihren großen Gemeinschaftsstand 182,00 €. Die Aufteilung nach Köpfen (jeder würde 26,00 € bezahlen) ist nicht gerecht, da Stella eine viel größere Standfläche benötigt als alle anderen.

Die Freunde messen die Länge des Standes und die Länge, die jeder für sich beansprucht. Mithilfe dieser Zahlen soll die Standgebühr gerecht verteilt werden:

Gesamtlänge	Franziska	Stefan	Stella	Michael	Thomas
7 m	1,5 m	1 m	3 m	0,5 m	1 m

1 Zur Prozentrechnung selbst siehe Kapitel 2.4.

Vorgehensweise:

(1) Ein Schema hilft bei der Verteilung der Kosten:

(2) Anteile erweitern/kürzen, sodass mit ganzen Zahlen gerechnet wird (Vereinfachung)

x 2

Freunde	Länge	Teile	Kostenanteil
Franziska	1,5 m	3	(3x13,00 €=) 39,00 €
Stefan	1 m	2	(2x13,00 €=) 26,00 €
Stella	3 m	6	(6x13,00 €=) 78,00 €
Michael	0,5 m	1	(1x13,00 €=) 13,00 €
Thomas	1 m	2	(2x13,00 €=) 26,00 €
	7 m	14 Teile ≙ 182,00 €	
		1 Teile ≙ $\frac{182{,}00\ €}{14}$ = 13,00 €	

Gesamtmenge

Anteile

Verteilungsschlüssel

(3) Eurobetrag für einen Anteil ermitteln

(4) Eurobeträge für 3, 2, 6, 1, 2 Teile berechnen

Ist das Ergebnis richtig?
Zur Kontrolle zählt man alle berechneten Anteile zusammen. Als Ergebnis muss wieder die gesamte Standgebühr herauskommen (39,00 € + 26,00 € + 78,00 € + 13,00 € + 26,00 € = 182,00 €).

Aufgaben

1. Angenommen, in deinem Wohnort gibt es vier Eisdielen mit folgenden Marktanteilen:
   - Eisdiele „Amadeo", Anteil: 4/19
   - Eisdiele „Bruno", Anteil: 5/19
   - Eisdiele „Claudio", Anteil: 7/19
   - Eisdiele „Dolomiti", Anteil: 3/19

   Der Gesamtumsatz aller Eisdielen zusammen beträgt 91 200,00 €.
   - Übernimm das Schema mit den Angaben zu dieser Aufgabe in dein Heft.
   - Notiere die vier Schritte zur Lösung darunter. Formuliere dabei frei.
   - Berechne die Umsätze der jeweiligen Eisdiele.
2. Die Gesellschafter Andechs, Busch und Conrad haben in ihrem Unternehmen einen Gewinn von 50 625,00 € erwirtschaftet.
   Mit folgenden Einlagen sind die Gesellschafter an dem Unternehmen beteiligt:
   Andechs: 52 000,00 €; Busch: 48 000,00 €; Conrad: 80 000,00 €.
   Diese Beteiligungen sollen als Grundlage für die Verteilung des Gewinns dienen.
   - Erstelle das Rechenschema in deinem Heft.
   - Berechne nun den Gewinnanteil je Gesellschafter.
   - Führe die Kontrolle durch.
3. Die Gemeinde muss die Kosten für den Bau eines Gehweges (20 900,00 €) auf die drei Anwohner umlegen. Als Verteilungsschlüssel dient die Grundstücksgröße der Anlieger. Familie Albert hat ein Grundstück mit 320 qm. Die Grundstücksgröße der Familie Bauer beträgt 280 qm und die von Familie Claus 160 qm.
   Berechne die Kostenanteile für die drei Familien.
4. Aus Anlass des 25-jährigen Betriebsjubiläums zahlt der Inhaber eines Unternehmens seinen Mitarbeitern eine Prämie aus. Insgesamt werden 8 400,00 € verteilt.
   Die Höhe der Prämie je Mitarbeiter richtet sich nach der Dauer der Betriebszugehörigkeit der Mitarbeiter.

Mitarbeiter Ammer arbeitet seit 25 Jahren, Bruckner seit 20 Jahren, Cress seit 9 Jahren und Deiss seit 2 Jahren im Betrieb.
Wie hoch ist die Prämie je Mitarbeiter?

5. Vier Unternehmen bauen gemeinsam einen Parkplatz für ihre Kunden. Die Kosten belaufen sich auf 430 800,00 €.
Die Eigentümer einigen sich auf folgende Verteilung der Kosten:
Discounter ADAG 1/6, Lebensmittelmarkt Brehm 5/12, Schmuck Claudius 1/4 und Gartencenter Dehn 1/6.
Berechne den Kostenanteil für jedes Unternehmen.
(Hinweis: Es muss zunächst der Hauptnenner der Brüche gefunden werden).

6. Drei Personen gründen einen Lebensmittelmarkt.
Ascher bringt eine Einlage von 107 100,00 € ein. Breuer übernimmt 1/3 und Castner 1/5 des Gesamtkapitals.
   - Wie viel Euro beträgt jeweils die Einlage von Breuer und Castner?
     (Hinweis: Ermittle zuerst den Anteil von Ascher als Bruch.)
   - Im ersten Geschäftsjahr wird ein Gewinn von 147 645,00 € erwirtschaftet. Wie viel Gewinn erhält jeder Gesellschafter, wenn dieser nach Geschäftsanteilen verteilt werden soll?

7. In einem Fertigungsbetrieb für Büroartikel müssen die Stromkosten des letzten Jahres verteilt werden. Folgende Bereiche sind im Unternehmen vorhanden (die Fläche ist die Verteilungsgrundlage):
Lager: 600 qm; Fertigung: 1 200 qm; Verwaltung: 450 qm; Vertrieb: 160 qm.
Die Stromrechnung beläuft sich auf 2 169,00 €. Verteile die Kosten entsprechend.

Variante:
Sind die Umsätze gegeben, und soll der Marktanteil berechnet werden, so muss das Rechenschema ein wenig abgeändert werden! Der dritte und vierte Schritt entfallen, da durch Kürzen im zweiten Schritt die Marktanteile bereits berechnet worden sind. Dieser Anteil kann nun als echter Bruch geschrieben werden.

8. Die Eisdielen in deinem Wohnort haben im folgenden Jahr folgende Umsätze erreicht:
   - Eisdiele „Amadeo“, Umsatz: 19 200,00 €
   - Eisdiele „Bruno“, Umsatz: 24 000,00 €
   - Eisdiele „Claudio“, Umsatz: 28 800,00 €
   - Eisdiele „Dolomiti“, Umsatz: 14 400,00 €

   a) Berechne den Gesamtumsatz aller vier Eisdielen zusammen.
   b) Berechne den Anteil der jeweiligen Eisdiele als Bruch (gekürzt).

9. Christians Freund Max wohnt mit seinen Eltern in einem Haus mit fünf Mietwohnungen in guter Lage Münchens.

Wohnung Nr.	Wohnungsgröße	Personenzahl	Verbrauch Heizung pro Jahr
1	90	3	150 Anteile
2	100	5	250 Anteile
3	70	3	140 Anteile
4	60	2	120 Anteile
5	40	1	70 Anteile

Für das Haus fallen insgesamt pro Jahr folgende Ausgaben an, die auf die Mieter umgelegt werden:

Müllabfuhr	336,00 €, verteilt nach der Personenzahl
Hausreinigung	2 160,00 €, verteilt nach der Zahl der qm
Heizung	4 380,00 €, verteilt nach den Verbrauchsanteilen, monatlich umgelegt

Die Miete beträgt einheitlich 10,50 € pro qm im Monat plus anteilige Nebenkosten.

a) Berechne die Monatsmiete inklusive Nebenkosten für jede Wohnung.

b) Wie hoch ist die monatliche Gesamteinnahme des Vermieters?

10. Andrea, Susanne und Gregor arbeiten im Schreibbüro einer Anwaltskanzlei. Für die Mittagspause haben sie sich eine große Pizza liefern lassen. Da Andrea keinen Hunger hat, isst sie nur ein Achtel davon, Susanne isst ein Viertel und Gregor den Rest. Wegen der trockenen Luft im Büro trinken sie immer wieder Mineralwasser. Gregor hat drei Flaschen zu je 0,75 l mitgebracht. Susanne trinkt im Lauf des Tages einen Dreiviertelliter, Andrea einen halben Liter und Gregor den Rest.

a) Welchen Betrag müssen Andrea und Susanne jeweils an Gregor zahlen, der für die Pizza 12,00 € und für eine Flasche Mineralwasser 1,20 € ausgegeben hat? Welchen Betrag muss Gregor selbst bezahlen?

b) Mache die Probe, ob die Rechnung stimmt.

Und nun viel Erfolg bei der Auswahl, Erkundung und Präsentation „deines" Unternehmens!

2 Mit Geld verantwortlich umgehen

Nach jedem Geburtstag betrachtet Christian Frank die erhaltenen Geschenke kritisch. Vieles gefällt ihm wirklich gut. Bei einigen Geschenken hätte er sich aber den Warenwert in bar gewünscht. Damit hätte er sich etwas kaufen können, woran er mehr Freude hätte.

Bei verantwortlichem Umgang mit Geld ist der Geldbeutel hoffentlich gut gefüllt.

Aktuell besitzen Jugendliche[1] in Deutschland ein Vermögen in Höhe von einigen Milliarden Euro. Schon Jugendliche zwischen 15 und 17 Jahren verfügen nach einer Studie im Durchschnitt über knapp 90 € im Monat[2]. Sie sind deshalb für die Wirtschaftsunternehmen eine nicht zu vernachlässigende Zielgruppe.

2.1 So kommen Jugendliche zu Geld – unter Beachtung des Jugendarbeitsschutzgesetzes

Wie für die meisten seiner Mitschülerinnen und Mitschüler spielt Geld auch für Christian Frank durchaus eine Rolle. Der Vergleich, wer von ihnen wie viel Taschengeld erhält, beschäftigt sie genauso wie die Frage, ob sich die Eltern bei guten Zeugnisnoten als großzügig erweisen und etwas „springen" lassen.

Arbeitsauftrag:
Halte fest, auf welche Weise du oder jemand aus deinem Bekanntenkreis ein wenig zum Taschengeld dazu verdient hat. Notiere auch die dabei gemachten positiven und negativen Erfahrungen.

Ihr „Vermögen" erwerben Jugendliche zum größten Teil durch Schenkungen:
- Das beginnt beim mehr oder weniger regelmäßig gezahlten Taschengeld, dessen Höhe mit zunehmendem Alter meist steigt.
- Hinzu kommen Geldgeschenke zu Fest- und Feiertagen (z. B. Geburtstag, Weihnachten, Kommunion und Firmung/Konfirmation).
- Manchmal erhalten Jugendliche kleine Belohnungen, z. B. für gute Zeugnisnoten oder für familiäre Mithilfe, etwa wenn sie das Familienauto waschen.

So können im Lauf eines Jahres durchaus dreistellige Eurobeträge oder mehr zusammenkommen.

1 Das Statistische Bundesamt versteht unter Jugendlichen Personen zwischen 15 und 24 Jahren. In unserer Betrachtung wird der Begriff des Jugendlichen anders gesehen. Wenn von Jugendlichen die Rede ist, sind hier Kinder und Heranwachsende zwischen 7 und 17 Jahren gemeint.
2 Vgl. SCHUFA Kredit-Kompass 2013

Erst mit zunehmendem Alter kann ein Jugendlicher selbst Geld verdienen. Da es sich hierbei anfangs nicht um ein festes Ausbildungs- oder Arbeitsverhältnis handelt, spielt der Kernbereich des Jugendarbeitsschutzgesetzes nur eine untergeordnete Rolle. So regelt es dessen § 1:

§ 1 Geltungsbereich
(1) Dieses Gesetz gilt in der Bundesrepublik Deutschland und in der ausschließlichen Wirtschaftszone für die Beschäftigung von Personen, die noch nicht 18 Jahre alt sind,
1. in der Berufsausbildung,
2. als Arbeitnehmer oder Heimarbeiter,
3. mit sonstigen Dienstleistungen, die der Arbeitsleistung von Arbeitnehmern oder Heimarbeitern ähnlich sind,
4. in einem der Berufsausbildung ähnlichen Ausbildungsverhältnis.
(2) Dieses Gesetz gilt nicht
1. für geringfügige Hilfeleistungen, soweit sie gelegentlich
a) aus Gefälligkeit,
b) auf Grund familienrechtlicher Vorschriften,
c) in Einrichtungen der Jugendhilfe,
d) in Einrichtungen zur Eingliederung Behinderter
erbracht werden,
2. (...)

Die Bestimmungen des Jugendarbeitsschutzgesetzes werden in der 9. Jahrgangsstufe genauer vorgestellt.
Die möglichen Tätigkeiten bewegen sich also überwiegend im Bereich der Kinderarbeit. Die Regelungen für die Kinderarbeit[1] sind in Deutschland allerdings sehr streng:
13- und 14-Jährige dürfen ihr Taschengeld durch „leichte und für Kinder geeignete" Tätigkeiten aufbessern. Dabei sind folgende Auflagen zu beachten:
- Maximal zwei Stunden pro Tag und fünf Tage pro Woche darf gearbeitet werden.
- Zwischen 18 und 8 Uhr darf nicht gearbeitet werden.
- Vor oder gar während dem Schulunterricht darf ebenfalls nicht gearbeitet werden.

Erlaubt ist die Arbeit nur in folgenden Einsatzbereichen:
- im Privathaushalt;
- in den Bereichen Kultur, Sport und Unterhaltung;
- nicht in der gewerblichen Wirtschaft (also in Handel, Produktion, Dienstleistung);
- ausgenommen bleibt immer das Austragen von Zeitungen.

Bei Verstößen drohen Geldstrafen und (bei Gesundheitsgefährdung) Freiheitsstrafen für den Arbeitgeber.
Der Schutz gilt auch für 15-Jährige, die noch vollzeitschulpflichtig (in Bayern neun Jahre) sind. Ist ein Jugendlicher mindestens 15 Jahre alt, darf er in den Ferien maximal vier Wochen – auch im gewerblichen Bereich – arbeiten. Verboten sind dabei gefährliche Arbeiten und Akkord- und Fließbandtätigkeit.

Viele Jugendliche bessern ihr Taschengeld durch das Austragen von Zeitungen auf.

1 Die Kinderarbeit ist geregelt in den §§ 5–7 des Jugendarbeitsschutzgesetzes.

Welche Tätigkeiten Kinder und Jugendliche neben ihrem Schulbesuch ausführen dürfen, zeigt ein Blick in die entsprechende gesetzliche Grundlage.

Verordnung über den Kinderarbeitsschutz

§ 2 Zulässige Beschäftigungen

(1) Kinder über 13 Jahre und vollzeitschulpflichtige Jugendliche dürfen nur beschäftigt werden
1. mit dem Austragen von Zeitungen, Zeitschriften, Anzeigenblättern und Werbeprospekten,
2. in privaten und landwirtschaftlichen Haushalten mit
a) Tätigkeiten in Haushalt und Garten,
b) Botengängen,
c) der Betreuung von Kindern und anderen zum Haushalt gehörenden Personen,
d) Nachhilfeunterricht,
e) der Betreuung von Haustieren,
f) Einkaufstätigkeiten mit Ausnahme des Einkaufs von alkoholischen Getränken und Tabakwaren,
3. in landwirtschaftlichen Betrieben mit Tätigkeiten bei
a) der Ernte und der Feldbestellung,
b) der Selbstvermarktung landwirtschaftlicher Erzeugnisse,
c) der Versorgung von Tieren,
4. mit Handreichungen beim Sport,
5. mit Tätigkeiten bei nichtgewerblichen Aktionen und Veranstaltungen der Kirchen, Religionsgemeinschaften, Verbände, Vereine und Parteien, wenn die Beschäftigung nach § 5 Abs. 3 des Jugendarbeitsschutzgesetzes **leicht und für sie geeignet** ist.

(2) Eine Beschäftigung mit Arbeiten nach Absatz 1 ist nicht leicht und für Kinder über 13 Jahre und vollzeitschulpflichtige Jugendliche **nicht geeignet**, wenn sie insbesondere
1. mit einer manuellen Handhabung von Lasten verbunden ist, die regelmäßig das maximale Lastgewicht von 7,5 kg oder gelegentlich das maximale Lastgewicht von 10 kg überschreiten; manuelle Handhabung in diesem Sinne ist jedes Befördern oder Abstützen einer Last durch menschliche Kraft, unter anderem das Heben, Absetzen, Schieben, Ziehen, Tragen und Bewegen einer Last,
2. infolge einer ungünstigen Körperhaltung physisch belastend ist oder
3. mit Unfallgefahren, insbesondere bei Arbeiten an Maschinen und bei der Betreuung von Tieren, verbunden ist, von denen anzunehmen ist, dass Kinder über 13 Jahre und vollzeitschulpflichtige Jugendliche sie wegen mangelnden Sicherheitsbewusstseins oder mangelnder Erfahrung nicht erkennen oder nicht abwenden können.

Satz 1 Nr. 1 gilt nicht für vollzeitschulpflichtige Jugendliche.

(3) Die zulässigen Beschäftigungen müssen im Übrigen den Schutzvorschriften des Jugendarbeitsschutzgesetzes entsprechen.

Es gibt, da diese Tätigkeiten im privaten Bereich ausgeübt werden und keine Steuer- oder Anzeigepflicht besteht, keine amtlichen Statistiken, welche Tätigkeiten in welchem Umfang ausgeübt werden.
Relativ kleine Beträge erwerben manche Jugendlichen auch durch den Verkauf eigener Sachen, z. B. auf Flohmärkten oder im Internet.
Zusammenfassend kann man wohl sagen, dass Jugendliche in Deutschland über erstaunlich viel Geld verfügen, was sie für die Wirtschaft und vor allem für den Handel zu einer interessanten Zielgruppe macht. Da Jugendliche keinen Kredit aufnehmen und nicht auf Raten kaufen dürfen, müssen sie vor größeren Geldausgaben genau überlegen, wie der benötigte Betrag zusammengespart werden kann.

Zusammenfassung

1. Kinder und Jugendliche zwischen 7 und 17 Jahren verfügen jährlich über einige Milliarden Euro, dürfen aber keine Kredite aufnehmen oder auf Raten kaufen.
2. Sie kommen zu Geld
   - durch Taschengeld und Schenkungen;
   - durch eigene Arbeit, die aber – in begrenztem Umfang – erst ab 13 Jahren möglich ist und nur unter strengen Auflagen erfolgen darf;
   - durch den Verkauf eigener Sachen, z. B. im Internet.
3. Die Verordnung über den Kinderarbeitsschutz regelt sehr genau, welche Arbeiten für Kinder erlaubt und welche verboten sind.

Aufgaben

1. Welche der genannten Möglichkeiten eines Zuverdienstes würdest du einer befreundeten Person empfehlen und welche nicht? Begründe deine Auswahl.
2. Kevin ist mit seinen zwölf Jahren bereits ein echter „Sparfuchs“. Da ihm seine Eltern – wie er meint – noch immer zu wenig Taschengeld geben, möchte er sich etwas dazuverdienen. Er hat sich einige Möglichkeiten überlegt. Prüfe und entscheide, ob er die folgenden Ideen unter Berücksichtigung der gesetzlichen Regelungen umsetzen darf:
   a) Er bietet den Nachbarn in der Reihenhaussiedlung an, für 5 € pro Stunde ihre Autos zu waschen.
   b) Ein Nachbar, der nach einem Skiunfall durch sein Gipsbein kaum laufen kann, bittet Kevin, ihm jeden zweiten Tag Bier, Wein und Zigaretten zu besorgen. Pro Botengang soll Kevin 5 € erhalten.
   c) Er wendet sich an den Verlag der Heimatzeitung und fragt an, ob er nicht in seinem Bezirk die Tageszeitung austragen kann. Das frühe Aufstehen fürchtet er nicht.

   Als Kevin 15 Jahre alt ist, sieht er die Chance, noch mehr Geld zu verdienen. Da er die Wirtschaftsschule besucht, hat er noch kein eigenes Einkommen aus einem Berufsausbildungsverhältnis. Er überlegt nun, ob er
   d) in den Sommerferien die sechs Wochen für einen Ferienjob nutzen könnte;
   e) zwei oder drei Nachmittage pro Woche im Supermarkt Regale auffüllen könnte;
   f) am Samstag in einem Kaufhaus in der Innenstadt am Packtisch arbeiten könnte;
   g) sich als Statist beim Theater in der 10 km entfernten Großstadt bewerben sollte.
   Prüfe jeden Vorschlag und begründe, ob er durchführbar ist.
   h) Welchen Vorschlag würdest du Kevin machen, um legal Geld zu verdienen?

2.2 Der Dreisatz mit geradem Verhältnis

Christian Frank hat nächste Woche Geburtstag und möchte seinen Klassenkameraden für die Pause Donuts mitbringen. Eine Packung mit sechs Donuts kostet 5,00 €.
Wie viel kosten die Donuts für die ganze Klasse, wenn in der Klasse 24 Schülerinnen und Schüler sind?

Der Dreisatz ist eine häufig verwendete Rechenoperation, die immer dann weiterhilft, wenn von einem Größenverhältnis auf ein anderes geschlossen werden soll.

Ansatz

6 Stück kosten	5,00 €	Bedingungssatz
24 Stück kosten	x €	Fragesatz

$$x = \frac{5 \times 24}{6} = 20{,}00\ €$$ Bruchsatz

Um für alle Mitschülerinnen und Mitschüler Donuts mitzubringen, muss Christian 20,00 € bezahlen.
Drei Schritte sind für die Erstellung des Bruchsatzes nötig:

1. Satz:	6 Donuts	kosten	5,00 €	Bedingungssatz
	(24 Donats	kosten	x €	Fragesatz)
2. Satz:	1 Donut	kostet	$\frac{5{,}00\ €}{6}$	Erstellung des Bruchsatzes
3. Satz:	24 Donuts	kosten	$\frac{5{,}00\ € \times 24}{6}$	

Allgemeine Vorgehensweise:

1. Die bekannte Aussage (Bedingungssatz) wird so aufgeschrieben, dass die gesuchte Größe (hier €) am Ende steht.
2. Darunter kommt die Frage (Fragesatz). Dabei müssen immer die gleichen Einheiten (hier Stück Donuts und €) untereinander stehen.
3. Der Bruch wird erstellt, indem immer zuerst auf den Wert einer Einheit heruntergerechnet (2. Satz) und dann auf den Wert der gesuchten Einheit hinaufgerechnet wird (3. Satz).

Man spricht bei diesem Dreisatz von einem geraden Verhältnis, weil sich bei einer Erhöhung der Anzahl der Donuts ↑ auch der Preis ↑ erhöhen würde.
Umgekehrt wäre das Verhältnis bei folgendem Fall:
Zwei Arbeiter benötigen für das Ausheben einer Grube sechs Stunden. Wie lange müssen vier Arbeiter arbeiten?

Es wird schnell klar, dass bei mehr Arbeitern ↑ sich die Arbeitszeit verkürzen ↓ wird = ungerades Verhältnis.

Diese Berechnung ist Inhalt des Unterrichtsfachs „Mathematik".

Aufgaben

1. Eine Klassenkameradin von Christian erhält für ihren Ferienjob in einer Woche einen Lohn von 196,80 € bei einer Arbeitszeit von 24 Stunden.
   Wie viel würde sie in der zweiten Ferienwoche verdienen, wenn sie dann 30 Stunden arbeiten würde?
2. Christians Vater hat für sein Küchenstudio Waren im Wert von 22 600,00 € bekommen und dafür Frachtkosten in Höhe von 1 920,00 € bezahlen müssen.
   Wie viel Frachtkosten muss er für einen Herd verrechnen, der 1 100,00 € wert ist?
3. Christians Wunschhandy kostet 420,00 €. Dafür müsste er ein Jahr lang (= 50 Wochen) jede Woche Zeitungen austragen. So lange will er aber nicht warten. Nach wie vielen Wochen kann er sich ein günstigeres Handy für 252,00 € leisten?
4. Tina (14 Jahre) trägt Werbung aus. Für ihre Tour mit 140 Briefkästen benötigt sie zwei Stunden. Da ihre Freundin krank ist, trägt sie noch die Werbung der Freundin aus. Wie lange wird sie für deren 105 Briefkästen benötigen?
   Darf sie diese Tätigkeit zusätzlich zu ihrem Job am gleichen Tag übernehmen? Schlage in Kapitel 2.1 nach und begründe deine Antwort. Biete auch eine Lösung an, damit Tina ihrer Freundin helfen kann.
5. Während seines Ferienjobs muss Christian Vasen in Kartons verpacken. Nach vier Stunden hat er 120 Vasen verpackt. Es sind noch 610 Vasen übrig. Wie lange wird er für alle Vasen zusammen benötigen?

Weitere Überlegungen zum Ausgangsfall:

6. Wie viel Geld müsste Christian ausgeben, wenn nicht 24, sondern 23 Schüler in der Klasse wären?
   Beachte, dass ein einzelner Donut 1,10 € kostet.
7. Es wird auch eine 12er-Packung Donuts angeboten. Diese kostet 8,00 €.
   – Kann Christian damit Geld sparen?
   – Was kosten die 23 Donuts nun?

2.3 So kann ein Jugendlicher sein Geld verwenden

Wenn es um das Ausgeben von Geld geht, hat Christian Frank klare Vorstellungen und immer eine lange Liste mit Wünschen, die noch erfüllt werden könnten. Doch die mahnenden Worte seine Großmutter, dass man auch sparen und für schlechte Zeiten vorsorgen müsse, kommen ihm immer mal wieder in den Sinn.

Arbeitsauftrag:

Welche Käufe der letzten drei Monate hast zum jetzigen Zeitpunkt bereits bereut? Warum ist dies so? Notiere deine Gedanken in Stichpunkten und schreibe dazu auch einen guten Vorsatz für deine nächsten Einkäufe.

Wer über Geld verfügt, steht vor einer grundsätzlichen Entscheidung: Soll er sein Geld aufheben oder ausgeben – Sparen oder Konsumieren sind die Alternativen.
Da Jugendliche überwiegend in häuslicher Gemeinschaft mit Eltern oder Erziehungsberechtigten leben, ist die Versorgung mit den Dingen des täglichen Lebens meist gesichert. Sie müssen sich also nicht um Miete, Nahrung, Kleidung usw. kümmern, denn die Ausgaben hierfür übernehmen die Eltern.

2.3.1 SMART-Kriterien

Auch Christian Franks Taschengeld reicht manchmal hinten und vorne nicht. Aber meistens findet er in der Familie jemanden, der ihm aus der kurzfristigen Notlage hilft und ihm ein paar Euro leiht. Besonders großzügig ist seine Oma, die häufig auf die Rückzahlung des vergeliehenen Geldes verzichtet. Allerdings kann sich Christian auf diese Großzügigkeit nicht verlassen – mitunter muss er seine Schuld tatsächlich begleichen.

Jugendliche unter 18 Jahren dürfen nach dem Gesetz keine „echten" Schulden in Form von Verbindlichkeiten (Krediten) gegenüber Banken machen. Wenn sie Schulden aufgebaut haben, dann durch geborgtes Geld aus dem Familien- und Freundeskreis. Schulden entstehen, wenn mehr Geld ausgegeben wird, als zur Verfügung steht. Der Zeitpunkt der Rückzahlung bestimmt, ob die Schulden kurz- oder langfristig sind. Kurzfristige Schulden werden innerhalb weniger Tage, Wochen oder Monate getilgt, langfristige Schulden erst nach einem Jahr oder noch später.

Schulden erschweren den Alltag.

Schulden sind also die Folge überhöhten Konsums und können durch eine exakte Planung der Ausgaben vermieden werden. Zur Erfüllung kostspieliger Wünsche bedarf es neben der Planung meist auch einer gewissen Geduld, bis das nötige Geld zusammengespart ist. Wann was gekauft werden kann, ist also eine Frage des Budgets. Wie er das benötigte Geld ansammeln kann, muss der Käufer aus seiner finanziellen Lage heraus klären – der Weg zur Bank und die Aufnahme eines Kredits stehen Minderjährigen nicht offen. Ebenso dürfen sie keine Ratenkäufe tätigen, da sie für die Abzahlung nur ihr Taschengeld haben – und das ist eine freiwillige, jederzeit von den Eltern kürzbare oder aussetzbare Leistung.

Bei all diesen Überlegungen helfen die sogenannten „SMART-Kriterien"[1]. Sie sind in Theorie und Praxis weit verbreitet und helfen bei der Festlegung von (finanziellen) Zielen und der Planung zu deren Verwirklichung. Dabei beschreiben sie Grundsätze, die „normalerweise" sowieso bedacht werden sollten.

Da die SMART-Kriterien aus dem englischen Sprachraum stammen, gibt es bei der Benennung der einzelnen Schritte etwas unterschiedliche Auslegungen bzw. Übersetzungen, vor allem bei den Buchstaben A und R.

1 Das englische Wort „smart" bedeutet schlau oder clever.

Die SMART-Kriterien bedeuten:

Kriterium	Übersetzung	Bedeutung/Inhalt
S	spezifisch	Ziele müssen genau und eindeutig formuliert sein, z. B. nicht „ein Fahrrad kaufen", sondern „ein Mountainbike mit Full-Suspension-Federung kaufen", oder nicht „in der Schule besser werden", sondern „in jedem Kernfach eine Notenstufe besser werden".
M	messbar	Es muss möglich sein, die Zielerreichung zu überprüfen. Dies ist beim Fahrradkauf oder bei den Schulnoten relativ leicht möglich, bei komplexen Aufgaben aber nicht so einfach.
A	attraktiv, angemessen, akzeptiert, ausführbar, ambitioniert	Es geht darum, dass das Ziel für den/die Beteiligten erstrebenswert ist, aber auch, dass es im Rahmen des Möglichen liegt und zugleich nicht zu niedrig gesteckt ist. Gerade bei dem letzten Punkt kann es schwierig werden, wenn z. B. die Eltern eine „deutliche" Verbesserung der Schulnoten erwarten oder wenn der hohe Preis des Mountainbikes die Motivation zum Sparen mindert.
R	realistisch	Dies knüpft an „ambitioniert" an, denn ein Ziel zu verfolgen, ist nur sinnvoll, wenn das Ziel in einem vernünftigen Zeitrahmen und mit den verfügbaren Mitteln (nicht nur in Geld) erreicht werden kann. So hängt es beim Fahrrad eindeutig am Geld, bei den Schulnoten aber an Intelligenz und Fleiß.
T	terminierbar	Zu einem Ziel gehört auch ein Zeitrahmen, in dem das Ziel erreicht werden soll. Bei Schulnoten ist es üblicherweise der Zeitraum bis zum Jahreszeugnis, beim Fahrrad können es die Sommerferien sein, wenn das Rad auch intensiv genutzt werden kann.

Die SMART-Kriterien können auch einen Zielkonflikt beinhalten, z. B. kann ein attraktives oder ambitioniertes Ziel in dem vorgesehenen Zeitrahmen nicht erreichbar sein, wenn etwa der Zeitraum bis zu den Sommerferien zu kurz ist, um das Geld für das Fahrrad zusammenzubringen. Hier hilft nur eine Abwägung der Kriterien, indem vielleicht ein billigeres Fahrrad gewählt wird, das auch in der verbleibenden Zeit zu finanzieren ist.

Werden die SMART-Kriterien angewendet, so ergeben sich sauber definierte, mess- und nachprüfbare Ziele, die entweder langfristig (z. B. „wenn ich 30 Jahre alt bin, will ich im eigenen Haus wohnen") oder kurz- und mittelfristig sind (z. B. „den Schulabschluss will ich mit einem Notendurchschnitt von unter 2,0 erreichen").

Sinnvoll ist, sich das Ziel auf einem „Merkzettel" zu notieren und es sich im wahrsten Sinn des Wortes immer wieder vor Augen zu führen.

Unter besonderen Umständen, wenn sich also wesentliche Lebensumstände ändern, kann es durchaus nötig sein, das vorgefasste Ziel zu ändern und neu zu formulieren.

Manche Wünsche gehen nicht so schnell in Erfüllung.

Beispiele:
- *Nach dem Umzug in ein anderes Bundesland muss ein Kind die Schule wechseln und – da die Lehrpläne in den verschiedenen Bundesländern nicht aufeinander abgestimmt sind – ein Schuljahr wiederholen, um den Anschluss zu finden.*
- *Am Ende der Ausbildung weigert sich der Ausbildungsbetrieb den bisherigen Auszubildenden in ein festes Arbeitsverhältnis zu übernehmen. Bis dieser eine neue Stelle gefunden hat, muss er sich arbeitslos melden, was zu finanziellen Einbußen führt.*

Aufgabe

Formuliere einen deiner (erfüllbaren) Wünsche, dessen Verwirklichung du selbst bewirken kannst, unter Berücksichtigung der SMART-Kriterien und schreibe alle dazu notwendigen Schritte und Maßnahmen auf.

2.3.2 Sparen

Ein Sparbuch hat Christian Frank schon seit seiner Geburt; er hat es von seinen Großeltern geschenkt bekommen. Der damals eingezahlte Betrag hat sich über die Jahre stetig erhöht, auch wenn Christian selbst nur wenig dazugezahlt hat. Außerdem steht in seinem Zimmer noch ein Sparschwein, in das er aber nur selten ein wenig Kleingeld einwirft. Auch ständiges Schütteln macht das Schwein nicht voller.

Meist bleibt genügend Geld in der Hand der Jugendlichen, um zu sparen. Die Auswahl der Spar- und Anlagemöglichkeiten ist aber in diesem Alter begrenzt.

Im einfachsten Fall steckt man das Geld zu Hause in eine Pappschachtel oder Blechdose und sammelt es dort an. Manche Jugendlichen freuen sich darüber, wenn sie ihr Geld – wann immer sie dies wollen – in die Hand nehmen und zählen können. Allerdings hat diese Form der „Geldanlage" einen Nachteil: Man bekommt keine Zinsen. Dazu kommt, dass das Geld immer verfügbar ist, d. h., bei jedem Kaufwunsch genügt ein Griff in die „Sparbüchse" und schon hat man sich den Wunsch erfüllt. Der Verlockung, das Geld auszugeben, kann man so sehr leicht nachgeben.

Sparschwein oder Bank? Besser Sparschwein und Bank!

Wer das Geld nicht zu Hause ansammeln und aufbewahren will, kann die Leistungsangebote der Banken und Sparkassen in Anspruch nehmen.

Sparmöglichkeiten – Sparbuch, Konto, Sparverträge

In diesem Fall sollte man sich zuerst darüber klar werden, ob man regelmäßig oder nur ab und zu etwas sparen will. Wer gerne regelmäßig spart, sollte entscheiden, ob es stets ein fester oder wechselnde Beträge sein sollen. Zudem kann Sparen auch bedeuten, eine bestimmte, bereits vorhandene Summe anzulegen, die man nicht verändern will. Kreditinstitute bieten für jeden dieser Fälle passende Anlageprodukte auch für Jugendliche an.

Kernaufgabe einer Bank: die Beratung der Geldanleger

Möchte ein Jugendlicher bei einer Bank oder Sparkasse Geldgeschäfte tätigen, so benötigt er (mit ganz wenigen Ausnahmen) die Zustimmung der Erziehungsberechtigten. Liegt diese bei der Bank vor, bietet sie dem Jugendlichen verschiedene Anlagemöglichkeiten für sein Geld an:

- Das Sparkonto in Form eines Sparbuchs (oder einer Sparkarte) ist noch immer weitverbreitet, auch wenn die dort gezahlten Zinsen in der Regel recht gering sind (auch im Vergleich zu anderen Möglichkeiten der Kapitalanlage). Dafür bietet ein Sparbuch hohe Sicherheit und man kann über das eingelegte Geld täglich verfügen, allerdings nur durch Barabhebung. Somit ist das Sparbuch für den täglichen Geldverkehr etwas unhandlich. Es eignet sich vor allem dann, wenn man sein übriges Geld längere Zeit nicht angreifen will.
- Für Kinder zwischen sieben und zehn Jahren bieten fast alle Banken und Sparkassen ein Taschengeldkonto an. Die Kontoinhaber können von diesem Konto nur den eingezahlten Betrag abheben und mit einer Kontoführungskarte am Kontoauszugsdrucker Kontoauszüge erhalten. Möglich ist auch ein Online-Banking. Die Kontoführung ist immer kostenlos. Die von der Bank gezahlten Zinsen liegen meist über denen eines Sparkontos.
- Jugendliche zwischen 11 und 17 Jahren können bei der Bank ihres Vertrauens ein Jugendgirokonto eröffnen (mit Zustimmung der Eltern). Auch dieses Konto wird kostenlos geführt und bietet meist einen höheren Zins als ein Sparkonto, dazu erhält der Kontoinhaber eine einfache Version der Girocard[1], mit der er an Geldautomaten Bargeld abheben kann. Die Banken sind verpflichtet sicherzustellen, dass das Konto nicht überzogen werden kann, da dies das Gesetz so vorschreibt.

Jede Bewegung auf dem Girokonto wird auf einem Kontoauszug dokumentiert.

1 Als Girocard bezeichnet man Plastikkarten, die Inhaber eines laufenden Kontos (Girokonto) von ihrer Bank zur Nutzung von Automaten und Auszugsdruckern sowie für bargeldlose Bezahlvorgänge erhalten. Diese Karten wurden auch als Bankkundenkarten bezeichnet. In der Umgangssprache heißen sie noch immer sehr häufig EC-Karten.

KONTOAUSZUG

IBAN	BIC	Datum	Auszug	Blatt
DE32 7001 0080 0415 5540 12	PBNKDFF	19.02.20__	6	1

Kontoinhaber	Umsatzzeitraum
Christian Frank Augustenstr. 119 80333 München	05.02.20 - 19.02.20
	Filiale: München Isartor
	Ansprechpartner: Herr Sailer (089) 2 59 19-37

Buchung	Wert	Buchungsinformation	Zu Ihren Lasten	Zu Ihren Gunsten
		Ihr alter Kontostand		147,36 €
15.02.20__	15.02.20__	Kartenverfügung H&N Müchen, Kaufinger Str. EC 54332542	29,90 €	
19.02.20__	19.02.20__	Auszahlung PGA 44781158 München Goetheplatz 1	40,00 €	
		Ihr neuer Kontostand		77,46 €

Kontoauszüge haben keine vorgeschriebene Form. Jedes Kreditinstitut kann Format und Gestaltung selbst wählen, weshalb Kontoauszüge verschiedener Kreditinstitute unterschiedliches Aussehen haben können.

Auf dem Kontoauszug werden Geldzuflüsse („zu Ihren Gunsten" oder einfach „+") und Geldabflüsse („zu Ihren Lasten" oder nur „–") einzeln aufgelistet[1], dazu jeweils ein erklärender Text. Unter „Wert" wird das Datum angegeben, an dem der jeweilige Betrag tatsächlich dem Konto gutgeschrieben oder von diesem abgebucht worden ist. Dieses Datum kann sich vom Buchungstag unterscheiden.

Der Kontoauszug weist immer den Kontostand aus, und zwar den Kontostand vor und nach der Kontobewegung, wobei letzterer der aktuelle Kontostand ist.

Spätestens ab 2016 können Kontobewegungen nur noch unter Verwendung der SEPA-Nummern getätigt werden[2]. Dann gilt ausschließlich die 22-stellige IBAN[3], die bereits seit einiger Zeit für Auslandsüberweisungen benötigt wird. Natürlich kann sie im Inlandszahlungsverkehr bereits jetzt verwendet werden.

Die Bezeichnungen „Taschengeldkonto" und „Jugendgirokonto" sind nicht vorgeschrieben, einzelne Kreditinstitute haben für diese Produkte auch andere Bezeichnungen gefunden.

Auch Jugendliche können sich am Geldautomaten bedienen.

- Der Vollständigkeit halber ist anzumerken, dass Banken natürlich eine große Palette weiterer Geldanlagemöglichkeiten bereitstellen. So sei noch auf das Tagesgeldkonto hingewiesen, das Kindern und Jugendlichen ebenfalls angeboten wird. Es ist gebührenfrei und erlaubt eine tägliche Verfügung über den angelegten Betrag, allerdings ohne Girocard (Abhebung an Automaten). Auch hier ist eine Kontoüberziehung ausgeschlossen.
- Wer über einen Zeitraum von mehreren Jahren regelmäßig einen gleichbleibenden Betrag sparen möchte und kann, dem bieten die Banken entsprechende Verträge an, die unter verschiedenen Bezeichnungen geführt werden, wie z. B. Bonussparen oder

1 In der Sprachregelung des Rechnungswesens sind Geldeingänge ein „Habenposten" und Geldabgänge ein „Sollposten".
2 SEPA steht für Single Euro Payments Area, also den Einheitlichen Euro-Zahlungsverkehrsraum. Durch SEPA soll der Zahlungsverkehr zwischen 33 Ländern Europas beschleunigt werden.
3 IBAN steht für International Bank Account Number, also Internationale Bankkontonummer.

Prämiensparen. Belohnung für den treuen Sparer ist meist ein höherer Zins als bei einem normalen Sparkonto und – wenn in den Vertrag lange genug eingezahlt wird – in vielen Fällen auch ein Bonus, also ein „Geldgeschenk" der Bank. Der Bonus steigt meist mit der Laufzeit und wird vom eingezahlten Betrag berechnet. Für Jugendliche bedeutet ein solcher Vertrag aber, dass sie sich für lange Zeit verpflichten müssen. Zudem erwarten die meisten Banken, dass der monatliche Sparbetrag bei mindestens 25 € oder mehr liegt.

Für alle Angebote der Kreditinstitute gilt:

- Da die Zinssätze von Bank zu Bank unterschiedlich sein können, sollte der Geldanleger selbst herausfinden, welche Bank ihm das günstigste Angebot unterbreitet. Erst dann sollte er entscheiden, ob es für ihn interessant ist. Vielleicht legt er ja auch Wert darauf, dass die Bank in seiner Nähe ist und verzichtet dafür auf einen minimalen Zinsvorteil.
- Wer sein Geld bei einer in Deutschland beheimateten Bank anlegt, kann zu 100 % sicher sein, dass er kein Verlustrisiko eingeht. Banken und Sparkassen haben für Guthaben bis zu 100 000,00 € entsprechende Absicherungen getroffen.
- Im Umgang mit Bankbelegen, Sparbüchern und Bankkarten sollte man sehr vorsichtig sein und darauf achten, dass solche Unterlagen nicht in falsche Hände geraten.
- Der für die Geldanlage angebotene Zins ist fast immer variabel, d. h., er kann von der Bank ohne vorherige Ankündigung je nach Situation auf dem Geldmarkt verändert, also auch gesenkt werden. Zinsgarantien über die gesamte Laufzeit der Geldanlage sind sehr selten und gehen – sofern sie überhaupt angeboten werden – zulasten der Zinshöhe, d. h., die Bank garantiert nur einen geringeren Zins als den aktuell gültigen.

Wer übriges Geld spart, sollte neben den zu erwartenden Zinsen auch die Inflationsrate beachten. Unter Inflation versteht man den Geldwertverlust, der sich im Lauf eines Monats oder Jahres durch die vorgenommenen Preiserhöhungen ergibt. Gewinnbringend ist Sparen also nur, wenn der Zinsgewinn größer ist als der Inflationsverlust. In Zeiten besonders niedriger Zinsen bringt Sparen deshalb häufig keinen echten Zuwachs, die Sparer müssen schon zufrieden sein, wenn ihr angelegtes Geld am Ende des Jahres wertmäßig nicht weniger geworden ist.

Zusammenfassung

1. Sparen:
   a) Das Ansammeln von Geld zu Hause ist eigentlich kein Sparen, da es keine Zinsen bringt.
   b) Sparen bei Banken und Sparkassen bedarf bei Jugendlichen der Zustimmung der Erziehungsberechtigten.
2. Sparmöglichkeiten für die genannte Altersgruppe sind:
   a) das Sparbuch, das für längerfristige Geldanlage gedacht ist;
   b) je nach Alter das Taschengeld- oder Jugendgirokonto, das kostenlos geführt wird; es bietet einen Vorzugszins, darf aber nicht überzogen werden;
   c) das Tagesgeldkonto, das den unter b) genannten Formen ähnlich ist;
   d) das Bonus- oder Prämiensparen für regelmäßige Sparer, bei dem aber ein monatlicher Mindestbetrag angelegt werden muss.
3. Für alle Sparmöglichkeiten gilt:
   a) Da Zinssätze bei Banken unterschiedlich sind, sollte man sich vor der Geldanlage informieren.
   b) Deutsche Banken und Sparkassen bieten für Spareinlagen absolute Sicherheit.
   c) Bankunterlagen sind nicht für fremde Augen oder Hände bestimmt.
   d) Zinssätze können sich ändern, also steigen und auch fallen.
4. Sparen ist nur dann gewinnbringend, wenn der Sparzins höher ist als der Inflationsverlust.

Aufgaben

1. a) Recherchiere den aktuellen Sparzins einer Bank in deinem Schulort und stelle ihm die aktuelle Inflationsrate gegenüber. Entscheide, ob Sparen einen Gewinn oder Verlust bringt.
   b) Vergleiche Sparbuch und Taschengeldkonto einer Bank in deinem Schulort hinsichtlich der angebotenen Verzinsung.
   c) Vergleiche die Zinsangebote für Sparbücher bei drei Kreditinstituten deiner Region mit denen im Internet.
   Was stellst du fest?
   d) Welche zwei Nachteile haben Internetbanken?
   e) Warum nutzen dennoch viele Leute das Internetangebot der Banken? Finde zwei Gründe.
2. a) Was versteht man unter Bonus- bzw. Prämiensparen?
   b) Worin besteht der Bonus bei solchen Angeboten und unter welcher Voraussetzung wird er gewährt?
   c) Warum ist Bonussparen für Jugendliche eher die Ausnahme?
   d) Warum ist Bonussparen für viele Erwachsene recht verlockend? Finde zwei Gründe.
3. Minderjährige dürfen keine Kredite aufnehmen, trotzdem können sie ihr Girokonto u. U. um kleine Beträge überziehen. Recherchiere, warum dies nicht als Verstoß gegen das Gesetz betrachtet wird.
4.

KONTOAUSZUG

IBAN	BIC	Datum	Auszug	Blatt
DE32 7015 0000 2157 6390 17	SSKMDEMM	02.04.20__	6	1

Kontoinhaber
Christian Frank
Augustenstr. 119
80333 München

Umsatzzeitraum
14.03.20__ - 02.04.20__

Filiale
Müchen Isartorplatz

Ansprechpartner	Telefon
Herr Sailer	(089) 2 59 19-37

Buchung	Wert	Buchungsinformation	Zu Ihren Lasten	Zu Ihren Gunsten
		Ihr alter Kontostand		147,36 €
17.03.20__	17.03.20__	Kartenverfügung Aldi-Süd sagt Danke EC 54332542	15,00 €	
01.04.20__	01.04.20__	Überweisung Taschengeld Stefan Frank April		50,00 €
		Ihr neuer Kontostand		182,36 €

   a) Welche Informationen kannst du dem Kontoauszug entnehmen?
   b) Warum sollte man jeden Kontoauszug sorgfältig lesen und prüfen?
5. Verschaffe dir einen Überblick über die Mitgliedsstaaten der EU.
6. Christian Frank möchte unbedingt einen „schnellen“ Laptop für seine Computerspiele. Seine Eltern sind allerdings der Meinung, der „alte“ PC täte es auch. Also muss Christian sich das Geld wohl oder übel zusammensparen, zumal die Eltern sein Sparbuch für „tabu“ erklärt haben.
   Christian hat von seinen 50,00 € Taschengeld bisher monatlich ca. 15,00 € für Kleinigkeiten ausgegeben, denkt aber, auch mit 10,00 € auszukommen. Zum Geburtstag (im September) erwartet er von den Großeltern die üblichen 100,00 € in bar, ebenso zu Weihnachten. Durch Autowaschen im Betrieb des Vaters könnte er (nach Rücksprache) pro Monat 25,00 € dazuverdienen – ausbezahlt wird immer erst zum Monatsende. Allerdings werden im Dezember und Januar die Autos wegen der Kälte nicht gewaschen.

Der von Christian ins Auge gefasste Laptop kostet 549,00 €. Der Händler (mit dem er schon verhandelt hat) würde bei Barzahlung 20,00 € nachlassen.

a) Wann kann Christian den Laptop kaufen, wenn er Anfang September mit dem Sparen beginnt? Zeige anhand eines Sparplans auf, in welchem Monat der Kauf erfolgen kann. Nutze bei der Erstellung des Sparplans deine im Fach „Informationsverarbeitung" erworbenen Kenntnisse zur Tabellenkalkulation.
Tipp: Der Sparplan sollte folgende Angaben enthalten: Monat, Geldquelle, zufließender Betrag und bisher angesparter Betrag.

b) Wie bzw. wo sollte Christian in der Ansparphase sein Geld aufbewahren?

c) Christian bezahlt seinen neuen Laptop mit elf 50-Euro-Scheinen. Der Händler gibt ihm 11,00 € Rückgeld und den Karton mit dem PC. Zu Hause überlegt Christian, ob alles richtig gewesen ist. Was sagst du dazu?

d) Was sollte Christian nun unternehmen? Wie sind seine Erfolgsaussichten? Welchen Schluss ziehst du daraus?

2.3.3 Konsum, Verbraucherverhalten und die Rolle der Werbung

Wenn Christian Frank seine Mutter beim Einkaufen im Supermarkt begleitet, ist er immer wieder erstaunt, wie kritisch sie manche Artikel in den Regalen begutachtet. Für ihn ist das zu viel Zeitverschwendung. Er kennt seine Lieblingsmarken und greift, nach einem raschen Blick auf den Preis, fast blind zu. Auch wenn er sich im Nachhinein schon geärgert hat, weil ein Hersteller den Packungsinhalt verringert hat, ohne den Preis zu senken – lange Überlegungen stellt er beim Einkauf selten an. Selbst die Weihnachtsgeschenke für seine Eltern sind in kürzester Zeit besorgt.

Zum Konsumverhalten von Jugendlichen gibt es eine Reihe von Untersuchungen, die aber alle vom weit gefassten Jugendlichenbegriff bis zum Alter von 24 Jahren ausgehen. Das Einkaufsverhalten von Kindern bis 10 und von Jugendlichen zwischen 10 und 17 Jahren ist deshalb differenziert zu betrachten.

Konsum

Kinder geben ihr Taschengeld häufig für Süßigkeiten und Spielsachen aus. Die hierfür verwendeten Geldbeträge bewegen sich wegen des eher geringen Taschengeldes im Bereich weniger Euro im Monat.

Mit zunehmendem Alter erhöht sich der verfügbare Geldbetrag. Kaufwünsche und Bedürfnisse verschieben sich in andere Bereiche. Nun treten Kosmetika, Schmuck und Bekleidung sowie technische Geräte (wie z. B. Smartphones oder Tablet-PCs) in den Vordergrund.

Kaufmotiv ist häufig der Wunsch, sich über die erworbenen Produkte selbst darzustellen und bei Freunden Eindruck zu machen. Nach dem Motto „sehen und gesehen werden" sollen Freunde die Güter positiv bewerten. Ein Problem stellt dies für die Jugendlichen dar, die weniger Geld haben und sich die teuren Markenartikel nicht leisten können.[1]

Einkaufen ist ganz einfach – aussuchen, zahlen, fertig!

1 Vgl. SCHUFA Kredit-Kompass 2013

Verbraucherverhalten

Es ist erwiesen, dass das Verbraucherverhalten nicht rein rational zu erklären ist. Viele Psychologen bemühen sich zu ergründen, wie die Käufer auf verschiedene Reize reagieren. Die Verkaufspsychologie versucht, die gewonnenen Erkenntnisse in der Praxis anzuwenden, um die Verbraucher zum Kauf der unterschiedlichen Güter anzuregen.

In dem Moment, in dem beim Einkauf Mode oder Trends eine Rolle spielen, sollte man sich im Klaren sein, dass alles was „in" ist meist teurer angeboten wird als vergleichbare Standardartikel. So kostet z. B. die Designerjeans ein Vielfaches der markenlosen Jeans aus dem Kaufhaus oder vom Mode-Discounter. Neue oder trendige Güter werden gerne zu höheren Preisen angeboten (man betrachte z. B. die Preise für aktuelle Sportmode oder Smartphones). Erst wenn Konkurrenzprodukte mit gleichen oder ähnlichen Eigenschaften und entsprechendem Aussehen auf den Markt kommen, gehen die Preise auf ein „Normalniveau" zurück. Dies sollte bei den Kaufüberlegungen berücksichtigt werden. Schon einige Wochen oder Monate der Geduld genügen oft, um das begehrte Gut deutlich billiger zu erwerben.

Bei Jugendlichen heiß begehrt: Smartphone und Tablet-PC

Auf der anderen Seite sollten Konsumenten auch kritisch hinterfragen, warum manche Güter so billig angeboten werden. Gerade bei Bekleidung ist allgemein bekannt, dass vieles in Südostasien (z. B. in Bangladesch) unter Bedingungen produziert wird, die unmenschlich sind. Auch wenn „Geiz geil ist", sollte also eine Kaufentscheidung nicht nur über den Preis getroffen werden, vor allem wenn dieser nicht „fair" sein kann. Wichtiger wäre, auf das Preis-Leistungs-Verhältnis zu achten, also darauf, ob der Preis und die Qualität einer Sache im richtigen Verhältnis zueinander stehen. Häufig handelt man sich mit dem niedrigen Preis eine schlechte Qualität ein. Hier würde es sich lohnen, etwas mehr Geld auszugeben und damit ein langlebigeres Produkt zu erwerben. Auf Dauer spart dies mehr Geld als der Billigeinkauf.

Als Entscheidungshilfe für unentschlossene Kaufwillige empfiehlt es sich, vor dem Einkauf bestimmte Festlegungen zu treffen, wie z. B. die Preisspanne, innerhalb derer sich der Einkauf bewegen soll, und welche Funktionen bzw. Eigenschaften das gewünschte Produkt besitzen solle. Wer mit festen Vorstellungen zum Einkauf geht, erleichtert sich selbst die Kaufentscheidung, da er viele Produkte von vornherein ausschließen kann. Das erleichtert die Auswahl erheblich, da sie automatisch geringer wird.

Hilfen für Verbraucher

Wer sich bei solchen Fragen und Überlegungen unsicher fühlt, kann vielfache Unterstützung erhalten:

- Unabhängige Produktbeurteilungen, wie sie z. B. die Stiftung Warentest veröffentlicht, sind eine zuverlässige Hilfe.
- In vielen Gemeinden gibt es eine Vertretung der Verbraucherzentrale, die sich zum Ziel gesetzt hat, Konsumenten neutral zu beraten.
- Schutz- und Sicherheitszeichen belegen die Qualität der ausgewählten Produkte. Bekannt sind u. a.:
  - VDE (das Produkt entspricht den Richtlinien des Verbands Deutscher Elektroingenieure);

- TÜV (das Produkt ist vom Technischen Überwachungsverein geprüft worden);
- CE (das Produkt entspricht den Richtlinien zum Vertrieb innerhalb der EU[1]);
- DIN (das Produkt entspricht einer Deutschen Industrienorm, wobei deren Nummer angegeben wird).

Wichtig ist, dass das jeweilige Zeichen sich auf die Qualität des Produkts selbst bezieht, nicht auf Abläufe im Herstellungsbetrieb. So gibt es auch TÜV-Zeichen für Banken und Versicherungen, die aber nur belegen, dass die geprüften Unternehmen bestimmte interne Abläufe einhalten – die Qualität der von ihnen angebotenen Dienstleistungen wird dabei nicht bewertet.

- Hilfreich ist auch die Mund-zu-Mund-Werbung, wenn man also mit Verwandten, Bekannten und Freunden, die das gewünschte Produkt bereits ausprobiert haben, Erfahrungen austauscht und sie über Vor- und Nachteile berichten können.
- Internetforen spiegeln heute die vielfältigen Konsumentenurteile wider – eine kurze Recherche bringt oft recht beeindruckende Resultate zu bestimmten Gütern oder Anbietern.

Ein geprüftes Gut verspricht einen Qualitätsstandard.

Es zeigt sich also, dass man als Konsument den Verlockungen der Werbung und des Handels mit seinen Sonderangeboten nicht ahnungslos gegenüberstehen muss, auch wenn das Warenangebot riesig und teilweise unübersichtlich ist. Wie hilflos der Konsument ist, kann man am Beispiel des Angebots an Digitalkameras erkennen. Wer kann von sich behaupten, alle angebotenen Modelle zu kennen und auf Anhieb das für ihn geeignete zu finden? Sich nur auf Werbeaussagen zu verlassen, ist sicher nicht der beste Weg für einen guten Einkauf.

Im Einkaufszentrum ist Geld ausgeben ein Kinderspiel.

Zum Schutz der Konsumenten ist in Deutschland eine Reihe von Gesetzen erlassen worden, die Auswüchse in der Werbung und beim Wettbewerb verhindern sollen. Zu nennen sind hier besonders das Gesetz gegen den unlauteren Wettbewerb (UWG) und das Gesetz gegen Wettbewerbsbeschränkungen (GWB), das allgemein als Kartellgesetz bezeichnet wird. Beide Gesetze werden in den Jahrgangsstufen 8 bis 10 ausführlich dargestellt.

Die Rolle der Werbung

Die Werbung stellt für Käufer eine wichtige Einflussgröße dar, da sie bei Kaufentscheidungen unterstützt, aber auch beeinflusst.

Eine Unterstützung der Käufer bietet die Werbung immer dann, wenn sie sachlich über Produkteigenschaften informiert. Dies geschieht bei technischen Geräten, und selbst bei Lebensmitteln wird sachliche Information in der Werbung geboten.

---

1 Die Europäische Union (EU) ist ein politischer und wirtschaftlicher Zusammenschluss von momentan 28 Staaten Europas.

Beispiele:

- *Bei Digitalkameras informiert die Werbung sachlich und präzise über technische Daten wie die Bildauflösung in Megapixeln oder den optischen und digitalen Zoombereich.*
- *Der interessierte Kunde erfährt beim Kauf von Lachs alles über dessen Herkunft (aus welchem Land), Art (z. B. Zucht- oder Wildlachs) und Zubereitung (z. B. Räucherlachs oder Graved Lachs).*
- *Bei der Werbung für Kraftfahrzeuge sind Hersteller und Händler verpflichtet, Angaben über Normverbrauch und Schadstoffausstoß zu machen.*

Da es in fast allen Lebensbereichen eine Vielzahl gleichartiger Produkte gibt (ob Waschmaschinen, Fernsehgeräte oder Fruchtjoghurts), wird diese Art der Werbung zur reinen Informationsvermittlung ohne Emotionen. Gerade Emotionen (Gefühle) sind aber gefragt, denn sie sollen helfen, den Käufer anzulocken und zum Kauf eines ganz bestimmten Produkts zu verführen.

Hier geht die Werbung oftmals einen Schritt weiter und versucht, den Käufer zu beeinflussen, sie wird zur manipulativen Werbung. Dabei versucht sie, das Produkt eines Herstellers oder Händlers von den Konkurrenzprodukten abzuheben und abzugrenzen, indem sie über die sachliche Information hinaus z. B. ein Lebensgefühl vermittelt. Dies geschieht bei Werbespots im Fernsehen genauso wie bei Werbeanzeigen in Zeitschriften. Dann steht nicht mehr die Produkteigenschaft im Mittelpunkt, sondern die Werbebotschaft lautet – unterstützt durch ein Bild fröhlicher junger Leute, die mit dem Produkt umgehen –, der Kauf dieses Produkts erleichtert oder bereichert deinen Alltag. Die Information über das Produkt tritt in den Hintergrund, Emotionen beherrschen den Werbeauftritt. Und genau diese Emotionalität spricht den Käufer weit intensiver an als eine reine Sachinformation. So ist die manipulative Werbung pure Verführung und soll zum Kauf von Gütern verleiten, die man vielleicht gar nicht braucht oder deren Nutzen nicht nachweisbar ist. Die Erkenntnisse der Verkaufspsychologie sind dabei durchaus hilfreich.

Zusammenfassung

1. Wofür Kinder und Jugendliche ihr Geld ausgeben, ändert sich mit zunehmendem Alter und dem meist davon abhängigen Taschengeldbetrag.
2. Der Konsument sollte sich klar machen, dass
   - neuartige und im Trend liegende Güter anfangs teuer sind und später billiger werden;
   - nicht der Preis alleine entscheidend ist, sondern das Preis-Leistungs-Verhältnis, wobei die Qualität bei der Kaufentscheidung berücksichtigt wird.
3. Konsumenten, die sich vor ihrer Kaufentscheidung informieren wollen, können
   - unabhängige Testurteile heranziehen;
   - sich bei der Verbraucherzentrale vor Ort beraten lassen;
   - nach Schutz- und Sicherheitszeichen auf dem Produkt suchen;
   - sich im Verwandten- und Freundeskreis umhören;
   - in Internetforen Meinungen recherchieren;
   - sich meist darauf verlassen, dass die Verbraucherschutzgesetze (z. B. UWG, Kartellgesetz) eingehalten worden sind.
4. Werbung informiert und beeinflusst die Käufer. Sie kann sein
   - sachlich und informativ,
   - emotional und beeinflussend (manipulativ).

Aufgaben

1. Stelle dir vor, du möchtest eine leistungsstarke Digitalkamera kaufen und nicht mehr als 150 € dafür ausgeben.
   a) Recherchiere im Internet, welche Kameras die genannten Bedingungen erfüllen. Nimm drei dieser Kameras in die engere Wahl. Begründe deine Auswahl.
   b) Stelle für jede dieser Kameras Vor- und Nachteile geordnet gegenüber.
   c) Suche im Internet Verbraucherstimmen zu den gewählten Kameras. Nimm diese Bewertungen in die Übersicht auf.
   d) Betrachte die Internethändler, bei denen die Kameras angeboten werden, kritisch auf der Basis von Verbraucherstimmen und Bewertungen.
   e) Entscheide dich für den Kauf einer bestimmten Kamera bei einem bestimmten Händler und lege die Gründe für deine Entscheidung präzise dar.
2. Betrachte drei Elektrogeräte aus dem Haushalt deiner Eltern und stelle fest, welche Schutz- und Sicherheitszeichen darauf zu finden sind. Recherchiere die Bedeutung von Zeichen, die dir bisher unbekannt waren.
3. Notiere zu den folgenden Werbeaussagen, ob diese sachlich oder manipulativ sind:
   a) Männer mit Zukunft gestalten Metall.
   b) Zwei Worte – ein Bier!
   c) Unsere neue Waschmaschine: 6 kg Fassungsvermögen und 1 600 Schleudertouren
   d) Spargel, frisch aus dem Knoblauchland
   e) Das beste Persil, das es je gab.
   f) Meister Proper putzt so sauber, dass man sich drin spiegeln kann.
   g) Die Kühl-Gefrier-Kombination mit Effizienzklasse A++
   h) Der NEFZ-Verbrauch des Fahrzeugs beträgt 5,8 l/100 km.
4. Suche Beispiele für Werbung, bei denen es kaum um Produkteigenschaften, sondern mehr um Lebensgefühl und Glücksgefühle geht. Kannst du eine bestimmte Branche oder Produktgruppe feststellen, für die speziell auf diesem Weg geworben wird?
5. Vor allem die sogenannten „Möbelriesen" befinden sich in einer ständigen Werbeschlacht um die Kunden.
   a) Suche in Tageszeitungen und im Internet drei Werbebotschaften, die die Kunden anlocken sollen.
   b) Wie kann Stefan Frank, der ja auch mit den „Möbelriesen" konkurrieren muss, trotzdem seinen Kundenkreis halten bzw. noch erweitern?

2.3.4 Der Angebotsvergleich

Christian Frank ist gerade 14 Jahre alt geworden und lebt mit seinen Eltern in München. Christian hilft seiner Mutter mehr oder weniger gerne beim Einkaufen und verbringt einen Teil seiner Freizeit im elterlichen Geschäft. Montags werden im Haus Frank die Wochenangebote der umliegenden Einkaufsmärkte verglichen.

Wer heute etwas einkaufen will, sollte die Preise vergleichen, egal, was er kaufen will, ob Lebensmittel, technische Geräte oder ein Auto. Häufig erschließen sich die Preisunterschiede nicht auf den ersten Blick. Nur genaues Hinsehen und gezieltes Nachrechnen helfen hier, das günstigste Angebot zu finden. So werden z. B. die beliebten Cola-Getränke in Flaschen mit 1 l, 1,25 l, 1,5 l und 2 l Inhalt verkauft. Da muss das Sonderangebot für die 1,25-l-Flasche durchaus nicht am billigsten sein, erst Nachrechnen bringt die Lösung.

Ungleich schwieriger ist die Situation in der gewerblichen Wirtschaft, wenn ein Unternehmen einen oder mehrere Artikel benötigt und diese in unterschiedlichen Mengen beziehen will. Meist gibt es eine größere Zahl von Lieferanten, die diese Artikel anbieten. Und jeder Lieferant hat seinen eigenen Preis. Selbst wenn man davon ausgeht, dass die Qualität vergleichbar oder identisch ist, hilft bei der Suche nach dem günstigsten Angebot nur akribisches Nachrechnen.

Preisnachlass

Bei einem Angebot ist zu beachten, dass (vor allem unter Wirtschaftsunternehmen) nicht nur der Preis an sich zählt, sondern dass es auch Preisnachlässe gibt. Die Höhe der einzelnen Preisnachlässe ist nicht vorgeschrieben oder begrenzt und kann von Kunde zu Kunde unterschiedlich sein, genauso wie von Anbieter zu Anbieter.

Drei Preisnachlässe sind zu unterscheiden:

1. **Skonto** wird gewährt, wenn der Kunde (Käufer) frühzeitig bezahlt. Deshalb wird zum Skonto immer eine Skontofrist genannt, z. B. 2 % Skonto innerhalb von 14 Tagen oder 3 % Skonto innerhalb von vier Wochen.
2. **Rabatt** erhält ein Käufer aus verschiedenen Gründen, die aber nichts mit dem Zahlungstermin zu tun haben. Wichtigste Form ist der Mengenrabatt, d. h., bei Abnahme größerer Mengen gibt es einen Preisnachlass. Manchmal werden hierbei Rabattstaffeln angewandt, bei denen der Rabattsatz mit zunehmender Abnahmemenge noch einmal steigt. Auch Privatleute erhalten Rabatte, z. B. zahlen sie für die Zehnerkarte im Schwimmbad weniger als für zehn Einzelkarten, genauso für den großen Beutel mit Tiefkühlgemüse im Vergleich zum Kauf vieler kleiner Einzelpackungen mit zusammen der gleichen Menge.

   Neben dem Mengenrabatt gibt es u. a. noch den Treuerabatt (für Kunden, die häufig beim gleichen Laden oder Anbieter einkaufen), den Wiederverkäuferrabatt (für Kunden, die die Ware nicht für sich kaufen, sondern sie weiterverkaufen, wie z. B. der Betreiber eines Kiosks, der im Großverbrauchermarkt Süßigkeiten einkauft und sie in kleinen Mengen weiterverkauft) oder den Personalrabatt (für Kunden, die als Mitarbeiter im Unternehmen tätig sind und dafür einen Preisnachlass erhalten, was vor allem in der Automobilindustrie verbreitet ist, wo Mitarbeiter auf einen Wagen aus der Produktion ihres Arbeitgebers bis zu ca. 20 % Rabatt erhalten).
3. Ein **Bonus** wird nachträglich gewährt (meist am Jahresende) für Abnehmer, die zwar regelmäßig als Kunden kaufen, aber nie so große Mengen auf einmal, dass sie einen Mengenrabatt in Anspruch nehmen können. Auch Privatleute kommen in den Genuss, z. B. durch Rabattmarken oder Treuepunkte, die sie sammeln und nach Erreichen eines bestimmten Einkaufswerts vergütet erhalten. Hier sollte sich der Kunde nicht blenden lassen und darauf achten, wie hoch der Bonus ist und was als Bonus angeboten wird. Häufig finden sich im Privatbereich Bonusmodelle, bei denen kein Bargeld zurückerstattet wird.

Preisnachlässe gibt es heute das ganze Jahr über.

Private Verbraucher haben beim Einkauf Anspruch darauf, dass ihnen ein verbindlicher Endpreis genannt wird, inklusive Steuern und aller Nebenkosten. Es wäre auch unpraktisch, wenn der Kunde beim Einkaufsbummel bei jedem Artikel erst mit dem Taschenrechner den wirklichen Verkaufspreis ermitteln müsste.

Weitere Entscheidungsfaktoren

Hat man rechnerisch das günstigste Angebot ermittelt, gilt es bei der Auswahl des Lieferanten bzw. des Geschäfts zusätzliche Gesichtspunkte zu beachten:

- die Qualität der Sache, denn ein Preisvergleich ist nur sinnvoll, wenn die verglichenen Güter von gleicher Qualität sind. Qualitätsunterschiede bedeuten meist auch deutliche Preisunterschiede. Wer bei Cola-Getränken ein sogenanntes „No-Name-Produkt" (also keine der bekannten Marken) kauft, bekommt dieses meist deutlich billiger als eine bekannte Cola-Marke;
- den Zeitpunkt der Lieferung, denn wer die Sache sofort erwerben will oder benötigt, dem nützt ein günstigerer Preis bei späterer Lieferung nichts. Fehlt z. B. das Ersatzteil für eine Maschine, kommt nur ein Angebot infrage, das auch sofort verfügbar ist;
- die Zuverlässigkeit des Lieferers, die sich zuerst in der Einhaltung vereinbarter Liefertermine zeigt. Dazu kommt, dass ein Produkt, das eventuell fehlerhaft ist, nach der Lieferung einen zeitraubenden Umtausch oder eine Reparatur erfordert. Da lohnt es sich dann, bei einem Lieferanten mit etwas höherem Preis zu kaufen bzw. auf einen Lieferanten zurückzugreifen, mit dem man bisher nur gute Erfahrungen gemacht hat;
- die Umweltverträglichkeit der Ware, denn wer möchte schon Sachen erwerben, deren Herstellung, Verwendung oder Entsorgung für die Umwelt schädlich ist. In einigen Wirtschaftsbereichen helfen entsprechende Kennzeichnungen dem Käufer, umweltfreundliche Produkte zu finden (z. B. die Angabe von Energieeffizienzklassen bei Elektrogeräten oder die Öko-Labels für Lebensmittel).

Erst wenn neben dem (günstigen) Preis auch die übrigen Gesichtspunkte betrachtet und bewertet worden sind, kann darüber entschieden werden, was bei welchem Anbieter gekauft werden soll.

Zusammenfassung

1. Vor jedem Einkauf sollte man Preise und Mengen der gewünschten Sachen ermitteln und vergleichen.
2. Vor allem (aber nicht nur) im gewerblichen Bereich werden Preisnachlässe angeboten.
3. Die Preisnachlässe sind:
   - Skonto für frühzeitige Bezahlung;
   - Rabatt meist für die Abnahme größerer Mengen, aber auch aus anderen Gründen;
   - Bonus für regelmäßige Abnahme kleinerer Mengen, die sich über längere Zeit aufsummieren.
4. Neben dem Preis sollte der Käufer auch beachten:
   - Wurden Artikel gleicher Qualität verglichen?
   - Wird die Ware zum gewünschten Zeitpunkt geliefert?
   - Sind der Lieferant und die von ihm angebotene Ware als zuverlässig bekannt?
   - Sind die angebotenen Güter umweltfreundlich oder umweltverträglich?

Aufgaben

1. Christian Frank vergleicht die Sonderangebote der Woche. Sein Lieblingsgetränk (natürlich eine Cola) wird angeboten:
   - im Supermarkt A die 1-l-Flasche für 0,79 €,
   - im Supermarkt B die 1,25-l-Flasche für 0,99 €,
   - im Supermarkt C die 1,5-l-Flasche für 1,29 €,
   - im Getränkemarkt die 2-l-Flasche für 1,49 €,
   - beim Discounter eine Eigenmarke als 1,25-l-Flasche für 0,69 €.

   a) Wie viel kostet jeweils ein Liter?

   b) Wie sollte sich Christian entscheiden, wenn die Supermärkte 30 bis 50 m, der Getränkemarkt 200 m und der Discounter 1 500 m entfernt sind? Christians Mutter nimmt zum Einkauf grundsätzlich das Auto, da sie das für bequemer hält.
2. Beim Maxi-Markt kostet 1 kg Schweinefleisch (Nacken) 3,99 €, im Supermarkt 5,99 € und beim Metzger 8,99 €. Maxi-Markt und Supermarkt machen keine Angabe über die Herkunft des Fleisches, der Metzger benennt einen Bauern aus der 6 km entfernten Gemeinde Kuhdorf am Wald.

   a) Unter welchem Aspekt sollte welches Angebot gewählt werden?

   b) Welches Angebot würdest du aus welchem Grund ausschließen?
3. Christian soll im Auftrag der Mutter frische Vollmilch mit 3,5 % Fett einkaufen. Im Frischdienstregal des Supermarkts findet er:
   - Nordmilch (Sitz der Molkerei am Stadtrand von Hamburg),
   - Alpenbauernmilch (Sitz der Molkerei in Freilassing),
   - Freisinger Milch (Sitz der Molkerei in Freising),
   - Tiroler Bergbauernmilch (Sitz der Molkerei in Innsbruck).

   a) Recherchiere, wie weit die Milch jeweils transportiert wurde.

   b) Welche Milch sollte Christian kaufen, wenn er umweltbewusst handeln will?

   c) Was könnte ihn veranlassen, eine andere Milch zu kaufen?

Kompetenzfall

Christian Frank wünscht sich eine ganz bestimmte digitale Systemkamera eines japanischen Herstellers. Nach längerer Recherche hat er folgende Angebote gefunden:

1. Ein Fachgeschäft in seiner Heimatstadt bietet die Kamera zusammen mit Tasche und Speicherkarte für 579,00 € an. Bei Barzahlung würde der Ladeninhaber 30,00 € nachlassen.
2. Im Internet könnte er die Kamera von mehreren Anbietern beziehen. Die Preise liegen hier zwischen 479,00 € und 595,00 €, Tasche und Speicherkarte sowie ein Versandkostenanteil wären zusätzlich zu bezahlen.
3. Sein Onkel hat beruflich auf der zu Spanien gehörenden Kanareninsel Teneriffa zu tun. Da dort weitgehende Zoll- und Steuererleichterungen gelten, meint der Onkel, die Kamera ohne Zubehör für etwa 440,00 € besorgen zu können. Da Spanien ein Land der Eurozone ist, muss der Einkauf nicht mit einer Fremdwährung bezahlt werden.
4. Zufällig erfährt er von der Nachbarfamilie, dass sie ihren Urlaub an der türkischen Südküste verbringen will. Die Familie ist sicher, dass im Basar von Antalya die Kamera samt Zubehör nicht mehr als 1 150,00 türkische Lire kosten wird.

Materialien

Auszug aus dem Bürgerlichen Gesetzbuch (BGB):

§ 437 Rechte des Käufers bei Mängeln
Ist die Sache mangelhaft, kann der Käufer, wenn die Voraussetzungen der folgenden Vorschriften vorliegen und soweit nicht ein anderes bestimmt ist,
1. nach § 439 Nacherfüllung verlangen,
2. nach den §§ 440, 323 und 326 Abs. 5 von dem Vertrag zurücktreten oder nach § 441 den Kaufpreis mindern und
3. nach den §§ 440, 280, 281, 283 und 311a Schadensersatz oder nach § 284 Ersatz vergeblicher Aufwendungen verlangen.

§ 438 Verjährung der Mängelansprüche
(1) Die in § 437 Nr. 1 und 3 bezeichneten Ansprüche verjähren
(...)
3. im Übrigen in zwei Jahren.
(2) Die Verjährung beginnt bei Grundstücken mit der Übergabe, im Übrigen mit der Ablieferung der Sache.

Souvenirs mit Tücken
Selbst von den Kanaren sind Einfuhren begrenzt

Nürnberg – Ein Urlaubsmitbringsel muss sein, oft auch ein aufwändiges: Ein Laptop etwa oder ein Goldring für den daheimgebliebenen Ehepartner, vielleicht auch mal ein edler Mantel für sich selbst?
Kaum einer denkt daran, dass es bei solchen Souvenirs bösen Ärger mit dem Zoll geben kann. Damit unseren Lesern das nicht passiert, hier die wichtigsten, vom Hauptzollamt Nürnberg zusammengestellten Regeln:
Bei Einreisen aus Nicht-EU-Ländern gelten für Waren des persönlichen Bedarfs folgende einfuhrabgabenfreie Höchstmengen:
- 200 Zigaretten pro Person (Mindestalter 17 Jahre)
- 1 Liter Alkohol pro Person (Mindestalter 17 Jahre)
- andere Waren wie Schmuck, Textilien, Digitalkameras oder Laptops bis zu einem Gesamtwert von 430 € bei Flug- und Seereisen und 300 € bei der Einreise auf dem Landweg – bei Reisenden unter 15 Jahren generell 175 € – ebenfalls alles je Person.

Wer diese Grenzen nicht beachtet, riskiert, dass er den gesamten Warenwert verzollen und versteuern muss. Und wenn es ganz dick kommt, werden die Souvenirs eingezogen und sichergestellt – natürlich ohne Entschädigung. Ein Bußgeld kann oben draufkommen.
Übrigens: Die genannten Beschränkungen gelten auch bei der Einreise von den Kanarischen Inseln oder den britischen Kanalinseln.

Quelle: Nürnberger Nachrichten, Souvenirs mit Tücken, 27.07.2013

Notwendige Recherche
Ermittle den aktuellen Tageskurs der türkischen Lira.
Stelle fest, ob die Türkei ein EU-Mitgliedsland ist.

Aufgaben

1. Berechne mit dem ermittelten Tageskurs den geschätzten Preis für einen Kauf in der Türkei.
2. Ermittle das rechnerisch günstigste Angebot. Beachte, dass Tasche und Speicherkarte ca. 20,00 € kosten und dass für Versand und Verpackung meist rund 5,00 € berechnet werden. Dazu solltest du für jedes Angebot den Preis ermitteln.

3. Prüfe für jedes Angebot dessen Risiken und Besonderheiten und entscheide jeweils, ob dieses Angebot (über den Preis hinaus) interessant ist.
4. Welches Angebot sollte Christian wählen, wenn er auf Sicherheit größten Wert legt? Begründung?
5. Wie lange hat der Käufer Anspruch auf die Gewährleistung?
6. Lege dar, ob und unter welchen Bedingungen Christian Frank einen Kaufvertrag für die Kamera abschließen kann.

2.4 Die Prozentrechnung

Christian Frank sitzt im Büro seines Vaters. Auf dem Schreibtisch liegen Angebote mehrerer Hersteller von Einbauherden. In allen Schreiben werden dem Unternehmen des Vaters Skonto und Rabatt angeboten, zwei Hersteller locken auch mit einem Bonus. Natürlich geht es hier vor allem um Prozente.

Nicht nur bei der Ermittlung des günstigsten Einkaufspreises spielt die Prozentrechnung eine wichtige Rolle. Sie ist im Fach „Mathematik" bereits grundlegend vermittelt worden. Hier geht es um die Anwendung im kaufmännischen Bereich, also – bezogen auf den Angebotsvergleich – um die Berechnung von Skonto, Rabatt und Bonus. Doch auch bei vielen anderen Berechnungen sind Kenntnisse der Prozentrechnung für den Kaufmann und für Privatpersonen unabdingbare Voraussetzung.

Von außen sind die Unterschiede zwischen den Einbauherden recht gering.

Vor der Anwendung der Prozentrechnung solltest du dir die Formeln zur Berechnung von Prozentwert, Grundwert und Prozentsatz noch einmal ins Gedächtnis rufen.

Aufgaben

... zur Prozentrechnung

1. Der Kaufpreis einer Ware beträgt 246,00 €. Der Verkäufer bietet bei sofortiger Zahlung 2 % Skonto an. Wie viel Euro beträgt der Nachlass?
2. Du kaufst eine Ware für 187,00 € und bekommst 3 % Skonto. Wie viel musst du bezahlen?
3. Vom Kaufpreis über 260,00 € ist Skonto abgezogen worden. Tatsächlich bezahlt werden 254,80 €. Wie hoch ist der Skonto in Prozent gewesen?
4. Der Preis einer Sache ist innerhalb eines Jahres von 50,00 € auf 52,00 € gestiegen. Wie hoch ist die Inflationsrate?
5. Betrachte die Rechnung der Firma Sanitär Oberschlager in Kapitel 3.6 auf Seite 83. Welchen Betrag müsste Christian Franks Vater bezahlen, wenn er Skonto nutzen wollte?
6. Einem Kaufmann liegen zwei Rechnungen vor:
   Rechnung 1: Rechnungsbetrag 1 600,00 €, Rechnung 2: Rechnungsbetrag 850,00 €
   Auf jeder Rechnung wird ein Rabatt von 130,00 € gewährt. Damit ist zwar der Rabattbetrag bei beiden Rechnungen gleich, aber der Nachlass in Prozent ist unterschiedlich.

Berechne den Rabatt in Prozent (zwei Nachkommastellen) für beide Rechnungen sowie den Unterschied im Rabattsatz in Prozent.

7. Aufgrund eines Unfalls mit einem Lieferwagen wird die geladene Ware unbrauchbar. Der Warenwert beträgt 2 360,00 €. Die Versicherung erstattet jedoch nur 2 124,00 €. Wie viel Prozent erstattet die Versicherung?
8. Die Heizung der Geschäftsräume kostet im Jahr 2 600,00 €. Nach einer Gebäuderenovierung und Dämmung konnten die Kosten auf 1 950,00 € gesenkt werden.
   a) Um wie viel Prozent konnten die Kosten gesenkt werden?
   b) Folgende Räume werden geheizt:
   Büro I: 25 qm, Büro II: 18 qm, Lager: 57 qm.
   Verteile die Heizkosten (nach der Renovierung) auf die einzelnen Räume.
9. Herr Frank muss am Monatsende 2 280,00 € an das Finanzamt abführen. Dies ist die Umsatzsteuer, die Herr Frank in einem Monat durch den Verkauf der Ware eingenommen hat. Der Umsatzsteuersatz beträgt 19 %. Wie hoch waren die Verkaufserlöse (netto und brutto) in diesem Monat?
10. Von einer zu zahlenden Rechnung sind 2,5 % Skonto abgezogen worden. Dies sind 114,00 €. Wie hoch ist der Rechnungsbetrag gewesen?
11. Ein Modegeschäft kalkuliert seine Verkaufspreise mit einer Handelsspanne von 130 %, d. h., auf den Einkaufspreis werden 130 % aufgeschlagen, um den Verkaufspreis zu erhalten.
   a) Wie viel kostet eine für 49,00 € gelieferte Hose im Verkauf? Runde den Preis auf volle Euro auf.
   b) Zum Saisonende wird die Hose mit 30 % Nachlass verkauft. Was kostet sie nun? Runde den Preis auf volle Euro ab.
   c) Im Schlussverkauf wird die Hose noch einmal um 20 % im Preis gesenkt. Was kostet sie nun? Runde den Preis auf volle Euro ab.
   d) Wie viel verdient das Geschäft in Euro und Prozent, wenn die Hose nun verkauft wird? Rechne auf zwei Stellen nach dem Komma.

... zum Angebotsvergleich

Vorbemerkung:
Werden auf den Kaufpreis einer Sache (den Listeneinkaufspreis) Skonto und/oder Rabatt gewährt, so können diese sofort abgezogen werden. Dabei wird der Rabatt zuerst abgesetzt (da er dem Käufer in jedem Fall gewährt wird), der Skonto wird im zweiten Schritt vom verbliebenen Restpreis abgezogen (dem Zieleinkaufspreis; die Bezeichnung bezieht sich darauf, dass „auf Ziel" gekauft wird, also der Zeitpunkt der Bezahlung einige Zeit nach der Lieferung liegt), sofern innerhalb der Skontofrist gezahlt wird. Der Käufer hat nun den Bareinkaufspreis errechnet, auf den er die Bezugskosten aufschlagen muss, um zum Einstandspreis zu gelangen, den er tatsächlich zu entrichten hat. Man verwendet also folgendes Rechenschema:

Listeneinkaufspreis
– Rabatt
= Zieleinkaufspreis
– Skonto
= Bareinkaufspreis
+ Verpackung und Versand
= Bezugspreis

Du kannst dir die Arbeit vereinfachen, wenn du die Berechnung mit einem Tabellenkalkulationsprogramm durchführst. Dort kannst du die einzelnen Werte eingeben und dann mithilfe von Formeln die Berechnung durchführen lassen. Die einmal erstellte Tabelle steht anschließend für weitere Berechnungen zur Verfügung.

1. Christian Franks Vater erhält zwei Angebote für Elektroherde:
   1. Angebot:
   240,00 € abzüglich 25 % Rabatt
   bei Zahlung innerhalb 14 Tagen 3 % Skonto
   2. Angebot:
   220,00 € abzüglich 20 % Rabatt
   bei Zahlung innerhalb 10 Tagen 2 % Skonto
   Welches Angebot sollte Christians Vater annehmen, wenn er nur nach dem Preis entscheidet?
2. Im Küchenstudio Frank werden Hängetaschen in größeren Mengen benötigt. Dazu liegen folgende Angebote und Erfahrungen vor:

Anbieter	**A**	**B**	**C**
Preis pro Hängetasche (Listeneinkaufspreis)	0,49 €	0,51 €	0,47 €
Skonto	2 %/14 Tage	3 %/14 Tage	—
Rabatt	10 % ab 200 Stück	10 % ab 200 Stück 12,5 % ab 300 Stück 15 % ab 500 Stück	10 % ab 200 Stück
Verpackung und Versand	6,90 €	7,50 €	8,90 €
Erfahrungen	gute Qualität Lieferung 3 Werktage	gute Qualität Lieferung 7 Werktage	normale Qualität Lieferung ca. 2 Wochen

   a) Welches Angebot sollte genutzt werden, wenn nur der Preis entscheidet? Für den Moment werden 350 Hängetaschen benötigt.
   b) Unter welchem Aspekt sollte ein anderes als das billigste Angebot ins Auge gefasst werden? Nenne zwei Beispiele.
3. Die Sportland GmbH benötigt für ihr 25-jähriges Betriebsjubiläum eine größere Anzahl Sporttaschen als Werbegeschenke für Sportvereine der Umgebung.
   a) Die Sportland GmbH erhält zwei Angebote:

Angebot 1	Angebot 2:
Listenpreis 21,00 € pro Stück	Listenpreis 24,00 € pro Stück
ab 500 Stück 10 % Rabatt	ab 750 Stück 20 % Rabatt
2 % Skonto innerhalb 10 Tagen	3 % Skonto innerhalb 14 Tagen
Frachtpauschale 80,00 €	Lieferung frei Haus
Verpackung 2,50 € pro Stück	Verpackung 1,25 € pro Stück

   Suche das günstigste Angebot für eine Bestellmenge von 800 Stück, wobei die Zahlung unter der Ausnutzung von Skonto erfolgen soll.
   b) Welche Faktoren spielen – neben dem Preis – bei der Lieferantenauswahl noch eine Rolle? Nenne drei!

2.5 Die Kaufentscheidung

Da er in letzter Zeit sein Geld immer wieder unüberlegt und für unnütze Dinge ausgegeben hat, wird Christian von seinen Eltern „ins Gebet genommen". Bevor sie mit ihm über eine Erhöhung seines Taschengeldes diskutieren, wollen sie ihm klarmachen, dass er vor jedem Einkauf nicht nur auf seinen Bauch achten, sondern auch seinen Kopf einschalten soll.

Arbeitsauftrag:
Sicher erinnerst du dich an den letzten gemeinsamen Einkauf mit deiner Mutter oder deinem Vater im Supermarkt oder einem anderen Ladengeschäft. Notiere, wie ihr dabei vorgegangen seid. Halte auch fest, wie schnell bzw. nach welcher Überlegungszeit eine Kaufentscheidung getroffen wurde und welche Gründe es für Spontankäufe gab.

Bevor eine Kaufentscheidung getroffen wird, sollten in die Warenauswahl einige Überlegungen einfließen und berücksichtigt werden, die in den Kapiteln 2.3.3 und 2.3.4 teilweise bereits angesprochen worden sind.

Auch bei den kleinsten Beträgen für den Kauf alltäglicher Waren kann ein Moment des Innehaltens und Überlegens nicht schaden. Wer z. B. Semmeln kaufen will, hat eine große Auswahl, erhebliche Preisunterschiede, aber auch sehr unterschiedliche Geschmackserlebnisse beim Verzehr.

Unter dem ökonomischen Aspekt geht es darum, nicht die billigste Sache auszuwählen, sondern auf das Preis-Leistungs-Verhältnis zu achten, soweit dies für den Käufer durchschaubar ist. Häufig fällt die Entscheidung dann für Waren des mittleren Preissegments, deren Qualität über der eines Billigprodukts liegt, (z. B. Kunststoff statt Metall, Holz) und entsprechend eine kürzere Lebensdauer hat. Bei sehr teuren Waren sollte immer kritisch geprüft werden, ob die Anschaffung wirklich sinnvoll ist und ob es nicht preisgünstigere Alternativen gibt.

Welche Größe soll es denn sein? Da muss auch der Geldbeutel entscheiden.

Unter dem ökologischen Aspekt achtet der Käufer auf den schonenden Umgang mit Ressourcen (z. B. Rohstoffe, aber auch die ganze Natur) und umweltschonende bzw. umweltfreundliche Herstellungsprozesse. Hier sollten Boden und Luft gering belastet werden und der Lärmschutz genauso eine Rolle spielen wie Abfallvermeidung und kurze Transportwege. Dazu sollten wiederaufbereitbare Stoffe verwendet werden, denn Recycling mindert den Rohstoffverbrauch. Wer hier unsicher ist, kann auf die verwendeten Gütesiegel achten, auch wenn sie nicht alle die gleichen Standards garantieren.

Unter dem sozialen Aspekt erfolgt der Kauf von Gütern nutzungsbezogen und ohne Wert auf Angabe und Prahlerei zu legen, d. h. Waren, die gerade „in" sind, sollten kritisch auf ihren tatsächlichen Wert und die Zweckerfüllung geprüft werden. Selbstverständlich sollte auch sein, dass Schwarzarbeit (bei der dem Staat zustehende Steuer hinterzogen wird) und Gesetzesverstöße bei Herstellung und Nutzung der Güter tabu sind.

Umweltschonende Produktion sieht anders aus.

Unter dem ethischen Aspekt gilt es sicherzustellen, dass bei der Gewinnung der verwendeten Rohstoffe (egal, ob Erze oder Naturprodukte wie Kaffee, Kakao oder Tee) und der Herstellung der Güter selbst keine Kinderarbeit geleistet wird und für alle Beschäftigten menschenwürdige Arbeitsbedingungen eingehalten werden. Daneben sollte insgesamt mit Erzeugern in fernen Ländern fair umgegangen werden.

Schwarzarbeit sollte nicht in Betracht kommen.

Hat der Käufer diese Gesichtspunkte ausreichend gewürdigt, steigen Freude und Zufriedenheit nach dem Kauf. Fehlgriffe werden auf ein Minimum begrenzt und er kann sich guten Gewissens an der Neuerwerbung er freuen. Zudem kann er sicher sein, mit seinem Geld gut umgegangen zu sein.

Kaffeebohnen – hoffentlich ohne Kinderarbeit geerntet und fair gehandelt.

Zusammenfassung

1. Eine Kaufentscheidung sollte nach reiflicher Überlegung fallen und weniger spontan bzw. „aus dem Bauch" heraus.
2. Unter dem ökonomischen Aspekt sollte das Preis-Leistungs-Verhältnis geprüft werden, also ob Preis und Qualität der Sache in einem vernünftigen Verhältnis zueinander stehen.
3. Unter dem ökologischen Aspekt sollte darauf geachtet werden, dass der Kaufgegenstand umweltverträglich produziert worden ist und auch wieder entsorgt werden kann.
4. Unter dem sozialen Aspekt geht es um den Sinn der Anschaffung bzw. deren Notwendigkeit, was gerade bei Modeartikeln hinterfragt werden sollte.
5. Unter dem ethischen Aspekt ist Wert zu legen auf „faire" Bedingungen bei Produktion und Handel.

Aufgabe

Überlege, welche Anschaffung im Wert von mehr als 20,00 € du in letzter Zeit getätigt hast, und versuche, diese Anschaffung unter den genannten Gesichtspunkten zu bewerten.

2.6 Die Einnahmen-Ausgaben-Übersicht als Schutz vor der Schuldenfalle

Christian Frank ist völlig überrascht von der Nachricht, dass der Vater eines Mitschülers mit seinem Sonnenstudio Pleite gemacht hat. Er kann sich nicht vorstellen, dass da so große Schulden aufgelaufen sind, dass es keine Chance mehr geben soll.

Arbeitsaufträge:

1. Stelle fest, wer in deiner Familie oder im Bekanntenkreis ein Haushaltbuch führt und warum er dies tut. Kläre auch, warum jemand keine solche Aufzeichnung führt.
2. Suche in den Medien (Zeitung, Fernsehen, Internet) nach Werbung für „billige" Kredite und finde heraus, mit welchen Argumenten Kunden angesprochen werden. Achte auch darauf, ob auf die Gefahren zu hoher Verschuldung hingewiesen wird.

Grundsätzlich dürfen Kinder und Jugendliche unter 18 Jahren in Deutschland keine Kredite aufnehmen, auch nicht mit Zustimmung der Eltern. Somit sind sie eigentlich schuldenfrei. In der Praxis wird dies aber oftmals dadurch umgangen, dass man nicht bei der Bank einen Kredit aufnimmt, sondern sich Geld im Familien- und Freundeskreis leiht. Die Gefahr besteht hier darin, dass der Jugendliche

- den Überblick über seine Schulden verliert, also nicht mehr weiß, wer welchen Betrag zurückerhalten muss. Dies ist die häufigste Ursache, da das Ausleihen fast immer ohne schriftliche Unterlage erfolgt. Wie leicht kommt man in die Lage, dass jemand ausgeliehenes Geld zurückfordert, und man kann sich nicht mehr daran erinnern, jemals Geld von dieser Person geliehen zu haben;
- auf Dauer seine Schulden nicht mehr zurückzahlen kann, da das Taschengeld ein begrenzter Betrag ist, der nicht mit den Schulden wächst.

Besonders schnell kommen Jugendliche in einen finanziellen Engpass durch Handyverträge und kostenpflichtige Downloads aus dem Internet. Durch die Einführung der „Button-Regelung" versucht der Gesetzgeber, die Internetkäufer vor unbeabsichtigten Vertragsabschlüssen zu schützen. Deshalb ist verpflichtend festgelegt, dass der Käufer im Internet vor dem Vertragsabschluss einen „Button" anklicken muss, der ihm klarmacht, dass er eine Zahlungsverpflichtung eingeht.

Nehmen die Schulden überhand und der Überblick über Geldvermögen und Zahlungsverpflichtungen geht verloren, so hilft oft eine Einnahmen-Ausgaben-Übersicht, wie sie Erwachsene in Form eines Haushaltsbuchs führen. Wenn man weiß, wo das Geld geblieben ist, fällt es leichter, Schulden zu vermeiden, denn man kann viel besser entscheiden, welche Ausgaben notwendig und welche vermeidbar sind.

Der einfachste Weg, nicht über seine Verhältnisse zu leben, ist, sich vor jedem Kauf im Laden oder vor dem Anklicken des Buttons „Kaufen" im Internet noch einmal zu überlegen,

- ob dieser Artikel wirklich und gerade jetzt benötigt wird;
- ob die Geldausgabe zu diesem Zeitpunkt und in dieser Höhe sinnvoll ist.

Wer sich diese Fragen immer wieder stellt, tappt nicht so leicht in eine Schuldenfalle.

Zusammenfassung

1. Kaufentscheidungen sollten nicht „aus dem Bauch" heraus, sondern unter Beachtung verschiedener Gesichtspunkte erfolgen, wie z. B. dem ökonomischen, dem ökologischen, dem sozialen und dem ethischen Aspekt.
2. Minderjährige dürfen keine Schulden machen, umgehen dies aber, indem sie sich Geld bei Verwandten und/oder Freunden leihen.
3. Wer Gefahr läuft, den Überblick zu verlieren, sollte eine Einnahmen-Ausgaben-Übersicht führen, um zu erkennen, wo Geld eingespart werden kann.

Aufgaben

1. Christian Franks Cousine Emilia ist neun Jahre alt. Am Montag steht sie um 15 Uhr vor der Tür und hält Christian eine Blechdose unter die Nase. Leichtes Schütteln verrät, dass eine Menge Kleingeld darin ist. Das hat Emilia gestern eingenommen, als sie auf dem Kinderflohmarkt neben der Kirche einiges verkauft hat, das sie nicht mehr benötigt. Nun soll Christian sie begleiten, wenn sie all das einkaufen geht, das sie sich schon lange wünscht. Sie hat das eingenommene Geld noch nicht gezählt, ist sich aber sicher, dass es mindestens 100 € sind. Immerhin hat sie von ihrer Mutter die Erlaubnis eingeholt, das Geld nach eigenen Wünschen auszugeben.
   Das hat Emilia verkauft: ein Faschingskostüm für 15,00 € und ein Paar Schneeschuhe für 12,00 €, ein Kartenspiel für 1,50 €, eine alte Puppe für 3,50 € und einen Puppenwagen für 26,00 €, zwei Pullover für je 6,50 €, zehn Comics für je 1,00 € und zwei Bücher für je 2,50 €. Als Standgebühr hat sie 10,00 € bezahlt.
   Christian begleitet sie zum Spielwarenfachgeschäft, wo sie schnell die gewünschten Sachen in einem Einkaufskorb zusammensammelt. An der Kasse werden die Sachen eingescannt und Emilia leert ihre Blechdose aus. Allerdings stellt der Verkäufer fest, dass ihr Geld für den Einkauf nicht ausreicht. Zum Glück hat Christian noch einen Rest von seinem Taschengeld einstecken und kann ihr aus der Verlegenheit helfen.
   Das hat Emilia eingekauft: eine neue Puppe für 23,99 € und ein Puppenkleid für 16,99 €, ein Computerspiel für 27,99 €, ein Bastelset für 9,98 € und ein Schminkset für 11,95 €.
   Auf dem Rückweg fragt sich Christian, ob und wann ihm Emilia den ausgelegten Betrag zurückgeben kann. Doch die ist zuversichtlich: „Drei meiner Freundinnen wollen noch je ein Buch aus meinem Bücherregal haben. Da bekomme ich sicher 15,00 € zusammen."
   a) Erstelle eine Übersicht über Emilias Einnahmen und Ausgaben.
   b) Ermittle, welchen Betrag sie eingenommen hat und wie viel Geld sie ausgeben kann.
   c) Ermittle, welchen Betrag Christian ihr vorstrecken muss.
   d) Errechne, welchen Betrag Emilia nach dem Verkauf der Bücher und der Begleichung ihrer Schuld bei Christian noch übrig behält.
2. Das Schulfest im letzten Jahr war ein voller Erfolg. Viele Eltern kamen, das Programm gefiel allen und viel gegessen wurde auch. Aber: War das Schulfest auch finanziell ein

Erfolg? Glücklicherweise wurden alle Einnahmen und Ausgaben akribisch aufgeschrieben. Jeder Stand legte seine Abrechnung vor:

Stand	Einnahmen	Ausgaben
Grill	aus Verkäufen 1 125,90 €	Brezen 21,71 € Grillkohle 42,10 € Ketchup, Senf 17,20 € Metzgerei 484,71 € Grillreiniger 10,28 € Brötchen 119,40 € Servietten 34,30 €
Getränke	aus Verkäufen 697,60 €	Getränke 298,60 € Strohhalme 14,60 €
Cafeteria	aus Verkäufen 447,50 €	Kaffee 95,60 € Kuchen (Spende) 0,00 € Teller usw. 128,50 €
Waffeln	aus Verkäufen 87,00 €	Teig 41,60 € Belag 12,48 € Teller usw. 9,60 €
Allgemein		Dekoration 48,90 € Reinigung 19,70 € Blumen 147,50 €

a) Berechne den finanziellen Erfolg für jeden Stand und für das gesamte Fest.
b) Falls das Fest ein Erfolg gewesen ist, überlege dir, wie der Gewinn sinnvoll ausgegeben werden könnte.

Hinweis: Bei dieser Aufgabe können auch Kenntnisse der Tabellenkalkulation aus dem Fach „Informationsverarbeitung“ genutzt werden.

3. Christian Frank bereitete zusammen mit seiner Schwester Franziska für die Hochzeit seiner Cousine eine Jux-Tombola vor. Rund vier Stunden investierten sie in die Vorbereitung. Die „Preise“ kauften sie im Supermarkt (für 20,95 €) und im Drogeriemarkt (für 18,50 €) ein. 100 Lose verkauften sie der Hochzeitsgesellschaft. Die ersten 40 Lose gingen für jeweils 2,00 € weg, dann musste Christian den Rest für 1,00 € pro Stück mühsam unter die Leute bringen.
Welchen Überschuss können die Geschwister dem Brautpaar überreichen?

4. Führe dein eigenes „Kassenbuch“, indem du Einnahmen und Ausgaben eines Monats geordnet aufschreibst. Verschaffe dir am Monatsende einen Überblick, ob deine Geldausgaben den in den Kapiteln 2.3 und 2.5 aufgezeigten Grundsätzen entsprechen bzw. weshalb du davon abgewichen bist. Gestalte das Kassenbuch selbst oder suche eine Vorlage im Internet, die du mit einem Tabellenkalkulationsprogramm bearbeitest.

3 Kaufverträge abschließen

Christian Frank erhält 50,00 € Taschengeld im Monat. Nicht immer gibt er das ganze Geld aus, manchmal legt er auch einiges davon zurück, um sich dann etwas Teureres zu gönnen. Nun will er sich einen besonderen Wunsch erfüllen und ein Paar Sportschuhe seiner Lieblingsmarke kaufen.

Jeder Einkauf ist ein Rechtsgeschäft. Deshalb sollten die rechtlichen Grundlagen und Rahmenbedingungen bekannt sein, sonst könnte es hinterher Probleme geben.

3.1 Der Kaufvertrag – juristisch betrachtet

Arbeitsauftrag:
Überlege, wie oft du im Lauf eines Monats etwas einkaufst. Falls du zum Thema „Kaufvertrag" nichts weißt, recherchiere kurze Erklärungen dazu und notiere vier Punkte, die immer wieder dort auftauchen.

Was ist ein Kaufvertrag?

Ein Kaufvertrag ist eine feste Vereinbarung mit dem Ziel, das Eigentum[1] an einer Sache (z. B. einem USB-Stick) oder an einem Recht (z. B. Download eines Musiktitels aus dem Internet) zu erwerben. Dieser Erwerb ist (im Gegensatz zur Leihe) entgeltlich, d. h., der Käufer (Erwerber) verpflichtet sich dem Verkäufer (Anbieter) gegenüber zur Zahlung eines bestimmten Betrages.

Alle wesentlichen Bestimmungen zum Kaufvertrag sind im Gesetz geregelt.

Wie entsteht ein Kaufvertrag?

Ein Kaufvertrag entsteht durch zwei übereinstimmende Willenserklärungen, die als „Antrag" und „Annahme" bezeichnet werden. Wer von den beiden Beteiligten (Verkäufer und Käufer) welche dieser Willenserklärungen abgibt, ist weder vorgeschrieben noch im täglichen Leben immer festzulegen. So kann in der Praxis auch der Verkäufer an einen möglichen Käufer herantreten und ihm gezielt Sachen anbieten, also einen Antrag unterbreiten, den der Käufer dann annehmen oder ablehnen kann.

Immer gilt aber die „Formel":

Antrag + Annahme = Kaufvertrag

Entscheidend ist in jedem Fall, dass Verkäufer und Käufer sich völlig einig sind, z. B. über den Kaufgegenstand und dessen Preis.

Der Kaufvertrag unterliegt keiner Formvorschrift, d. h., er kann mündlich oder schriftlich geschlossen werden. Um spätere Streitigkeiten zu vermeiden, sollte die Schriftform des

1 Das „Gegenteil" von „Eigentum" wäre „Besitz".

Vertrags gewählt werden. Im Alltagsleben, also z. B. beim täglichen Einkauf im Supermarkt, würde dies allerdings dem gewünschten Effekt der schnellen Abwicklung entgegenstehen.

Welche Pflichten bringt ein Kaufvertrag für die Vertragspartner?

Ein Kaufvertrag muss nicht per Handschlag besiegelt werden.

Beide Vertragspartner gehen mit dem Abschluss des Kaufvertrags gesetzlich geregelte Pflichten ein.

Der Verkäufer muss
- mangelfreie Ware ordnungsgemäß liefern, d. h., er muss die richtige Ware zur richtigen Zeit am richtigen Ort liefern und ist verpflichtet, dafür Sorge zu tragen, dass die Ware keine Fehler oder Mängel aufweist;
- das Eigentum an der Sache übertragen, d. h., der Käufer wird zum Eigentümer der Ware, hat also die rechtliche Verfügungsgewalt darüber. Eigentum bedeutet, der Käufer hat die Sache in der Hand und sie gehört ihm jetzt tatsächlich. Die Eigentumsübertragung erfolgt bei den meisten Einkäufen automatisch durch Bezahlung und Aushändigung der Ware. Beim Kauf von Automobilen oder Grundstücken (was für Jugendliche nicht zur Debatte steht) ist sie ein eigener Rechtsakt, denn in diesen Fällen muss eine Umschreibung auf den neuen Eigentümer erfolgen.

Der Käufer muss
- die von ihm gekaufte Sache abnehmen;
- die von ihm gekaufte Sache bezahlen.

Zusammenfassung

1. Ein Kaufvertrag ist eine Vereinbarung über den Erwerb einer Sache oder eines Rechts gegen Geldzahlung.
2. Ein Kaufvertrag entsteht durch zwei übereinstimmende Willenserklärungen, die als Antrag und Annahme bezeichnet werden.
3. Ein Kaufvertrag kann formlos mündlich oder schriftlich abgeschlossen werden.
4. Aus einem Kaufvertrag ergeben sich für die Vertragspartner bestimmte Pflichten:

Pflichten des Verkäufers	Pflichten des Käufers
– ordnungsgemäße Lieferung mangelfreier Ware – Eigentumsübertragung	– Abnahme der Ware – Bezahlung

Aufgaben

1. Lege dar, wer in den folgenden Fällen einen Antrag unterbreitet und wer auf diesen mit einer Annahme reagiert.
   a) Ein Kunde betritt ein Lederwarengeschäft und möchte eine im Schaufenster ausgestellte Lederjacke kaufen. Diese wird aus dem Schaufenster genommen, er probiert sie an und kauft sie.

b) Christian geht zum Bäcker, lässt sich eine Butterbreze geben, zahlt und beißt beim Hinausgehen aus dem Laden herzhaft in sein Frühstück.
c) Ein Gast nimmt im Biergarten Platz und bestellt beim Wirt ein Bier und eine Brotzeitplatte.
d) Es klingelt an der Wohnungstür. Draußen steht ein junger Mann und bietet das Buch einer Glaubensgemeinschaft für 2,00 € an. Der Wohnungsmieter kauft es ihm nach kurzem Zögern ab.
e) In einer Wohnsiedlung macht ein Landwirt mit frischem Hofgemüse durch heftiges Bimmeln und Ausrufen auf sich aufmerksam. Einige Hausfrauen kommen zu seinem Traktor mit Anhänger, um die Lebensmittel zu kaufen.
f) Am Bahnhof wirft ein Schüler Geld in den Automaten und entnimmt eine Dose mit Limonade.
g) Ein Lieferant schreibt ein Angebot über 25 Fahrräder zum Sonderpreis mit dem Zusatz „gültig bis 23. August 20.., 12 Uhr". Der Fahrradhändler schickt seine Bestellung am 23. August 20.. um 13:30 Uhr via Internet ab. Ist ein Kaufvertrag zustande gekommen?
h) Auf ein schriftliches Angebot eines Lieferanten zur Lieferung von Futterkartoffeln zu 0,25 € pro Kilogramm bestellt der Kunde eine Tonne zum Gesamtpreis von 225,00 €. Ist ein Kaufvertrag zustande gekommen?

2. Recherchiere die Bedeutung der Begriffe „Besitz" und „Eigentum" und lege den Unterschied an einem selbstgewählten Beispiel dar.

3.2 Beschränkte Geschäftsfähigkeit

Christian Frank fiebert dem Moment entgegen, an dem er endlich 18 Jahre alt sein wird. Dann – so hofft er – kann er endlich alle Entscheidungen (und vor allem die finanziellen) alleine treffen. Die paar Jahre, bis es so weit ist, muss er einfach durchstehen.

Arbeitsauftrag:
Notiere drei Beispiele, bei denen du aufgrund deines Alters von etwas ausgeschlossen bist, und finde jeweils eine Begründung, warum dieser Ausschluss sinnvoll ist.

Jugendliche zwischen dem vollendeten 7. und 18. Lebensjahr sind nach dem Gesetz beschränkt geschäftsfähig, d. h., sie können zwar Kaufverträge abschließen, diese bedürfen aber der Genehmigung der Eltern. Juristisch heißt dies, die Kaufverträge sind „schwebend unwirksam". Die Genehmigung der Eltern kann stillschweigend oder ausdrücklich erfolgen. Kommt also der Jugendliche nach getätigtem Einkauf nach Hause, können die Eltern ihre Zustimmung in Worten ausdrücken (z. B. „Ein schönes T-Shirt hast du da gefunden."), es würde aber auch genügen, wenn sie zum Kauf bzw. dem Kaufgegenstand nichts sagen (sog. „Stillschweigen", das als Zustimmung gewertet wird).

Wichtigste Ausnahme von dieser Zustimmungspflicht der Erziehungsberechtigten ist der Taschengeldparagraf (§ 110 BGB), der bestimmt, dass beschränkt Geschäftsfähige (also Kinder und Jugendliche zwischen 7 und 18 Jahren) mit den ihnen überlassenen Geldmitteln nach eigenem Willen verfahren können.

§ 110 Bewirken der Leistung mit eigenen Mitteln
Ein von dem Minderjährigen ohne Zustimmung des gesetzlichen Vertreters geschlossener Vertrag gilt als von Anfang an wirksam, wenn der Minderjährige die vertragsmäßige Leistung mit Mitteln bewirkt, die ihm zu diesem Zweck oder zu freier Verfügung von dem Vertreter oder mit dessen Zustimmung von einem Dritten überlassen worden sind.

Schwierig wird die Rechtslage allerdings, wenn Jugendliche ihr Taschengeld sparen und nach einigen Monaten oder gar Jahren über Geldbeträge im drei- oder vierstelligen Bereich verfügen. Hier geht die Rechtsprechung davon aus, dass wieder die Zustimmung bzw. Genehmigung der Eltern zum Einkauf bzw. beim Ausgeben des Geldes notwendig ist. Da das Gesetz keinen Grenzbetrag nennt, bleibt also für den Verkäufer in solchen Fällen eine Unsicherheit bezüglich der Rechtskraft des Kaufvertrags.

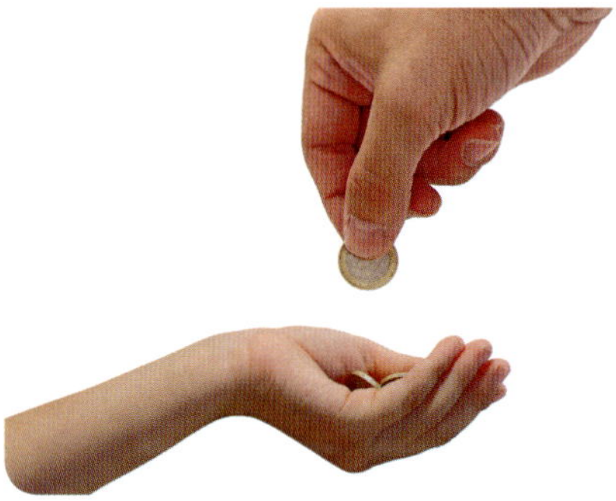

Taschengeld wird immer seltener in bar gegeben.

In einigen Fällen gilt der Taschengeldparagraf allerdings nicht. So ist z. B. der Verkauf bestimmter Tabakwaren und alkoholischer Getränke an Jugendliche streng reglementiert. Auch können Jugendliche keine Ratenzahlungsverträge abschließen, da der Gesetzgeber unbedingt vermeiden will, dass sie sich bereits als Minderjährige verschulden. Der Hinweis auf die Taschengeldzahlung der Eltern hilft hier dem beschränkt Geschäftsfähigen nicht weiter, da das Taschengeld eine freiwillige Leistung der Eltern ist, die auch gekürzt oder eingestellt werden kann.

Eine Genehmigung durch Erziehungsberechtigte ist ebenfalls nötig, wenn die gekaufte Sache für den Jugendlichen unabwendbare Folgekosten mit sich bringt, wie z. B. zu bezahlende Steuern, oder durch die Nutzung der Sache weitere Geldausgaben anfallen.

Beispiele:
- *Bei Anschaffung eines Haustiers muss dieses gepflegt und gefüttert werden. Ist das Haustier ein Hund, muss an die Wohngemeinde eine Hundesteuer entrichtet werden.*
- *Nach dem Kauf eines motorisierten Fahrzeugs (z. B. Kleinkraftrad, Kraftfahrzeug) fallen Ausgaben für Steuer und Versicherung an, genauso Kosten für den nötigen Treibstoff.*
- *Die nach dem Kauf eines technischen Gerätes (z. B. Computer, Smartphone) anfallenden Stromkosten werden im Normalfall nicht als Folgekosten gewertet, die Gesprächsgebühren bzw. die Kosten für eine Flatrate dagegen schon.*

Zusammenfassung

1. Jugendliche zwischen 7 und 17 Jahren sind beschränkt geschäftsfähig. Von ihnen geschlossene Verträge sind schwebend unwirksam und werden erst durch die Zustimmung der Erziehungsberechtigten rechtskräftig.
2. Nach dem Taschengeldparagrafen dürfen Minderjährige die ihnen überlassenen Geldmittel nach eigenem Willen ausgeben.
3. Der Taschengeldparagraf gilt nicht, wenn größere Geldbeträge angespart und dann ausgegeben werden oder wenn nicht für Jugendliche zugelassene Güter gekauft werden sollen.
4. Unter diese Regelung fallen auch Sachen, die für den Minderjährigen Folgekosten mit sich bringen.

Aufgaben

1. a) Recherchiere, in welchem Alter Jugendliche in Deutschland wie viel Taschengeld erhalten.
   b) Vergleiche den gefundenen Wert deiner Altersgruppe mit deinem eigenen Taschengeldbetrag.
   c) Berechne den Unterschied in Euro und Prozent.
2. Warum steht im Gesetz kein Grenzbetrag, ab dem angespartes Taschengeld nur mit Zustimmung der Eltern ausgegeben werden kann?
3. Der 13-jährige Werner kauft ohne Wissen seiner Eltern von seinem gesparten Taschengeld ein Rennrad für 850,00 €. Ist der Kaufvertrag gültig?
4. Die 13-jährige Vera kauft von ihrem Taschengeld ohne Wissen der Eltern eine CD für 15,95 €. Ist der Kauf rechtskräftig?
5. Der 16-jährige Dieter erhält monatlich 60,00 € Taschengeld. Er kauft eine Kamera für 500,00 €. Dafür zahlt er gesparte 300,00 € an und verpflichtet sich, den Rest in Monatsraten von 25,00 € abzuzahlen. Gilt der Vertrag?
6. Werner (14 Jahre) kauft von seinem Taschengeld ein Taschenbuch. Die Eltern wollen, dass der Buchhändler dieses zurücknimmt, da sie es schon als Weihnachtsgeschenk gekauft haben. Muss der Buchhändler das von Werner gekaufte Buch zurücknehmen?
7. Der 17-jährige Schüler Peter kauft sich ein gebrauchtes Mofa. Die Eltern sind gegen diese Anschaffung. Können sie den Verkäufer zur Rücknahme zwingen?
8. Wie wäre die Rechtslage, wenn Peter Auszubildender mit eigenem Einkommen wäre?

3.3 Der Kaufvertrag im täglichen Leben (Einkauf in einem Ladengeschäft)

Christian Frank hat sich entschieden, er will neue Sportschuhe kaufen. In der Sportabteilung eines Kaufhauses probiert er die Schuhe an, nimmt den Karton mit den Schuhen und bezahlt sie an der Kasse. Dort wird der Schuhkarton in eine Plastiktüte gesteckt und er erhält die Tüte und die Verkaufsquittung.

Arbeitsauftrag:
Gehe bewusst einkaufen und notiere dabei alle Schritte/Tätigkeiten vom Betreten des Ladengeschäfts bis zu dessen Verlassen nach dem Einkauf.

Obwohl sie nur beschränkt geschäftsfähig sind, gehen täglich Millionen Jugendliche im Alter zwischen 7 und 18 Jahren zum Einkaufen. Sie besuchen dabei unterschiedliche Handelsgeschäfte (Läden), vom Bäcker über den Lebensmittelmarkt bis hin zum hoch spezialisierten Fachgeschäft z. B. für Unterhaltungselektronik. Juristisch gesehen ist jeder Einkauf der Abschluss eines Kaufvertrags. Beim Einkauf im Laden erfolgt der Vertragsabschluss an der Kasse, wenn der Käufer die Ware (die er vorher z. B. aus einem Regal entnommen hat) vorweist oder sich aushändigen lässt und den Kaufpreis hierfür entrichtet. Hat der Käufer die ausgesuchte Ware bezahlt, ist der Kaufvertrag abgeschlossen.

Einseitiger Handelskauf

Kaufverträge zwischen Privatpersonen und einem Unternehmen (einem Kaufmann) werden als „einseitiger Handelskauf" bezeichnet, da eine der Vertragsparteien (der Kaufmann) unternehmerisch tätig ist, die Privatperson aber nicht.

Alle Einkäufe von Jugendlichen zwischen 7 und 17 Jahren sind juristisch betrachtet schwebend unwirksam. Der Verkäufer verlässt sich in den meisten Fällen darauf, dass der Jugendliche den Betrag von seinem Taschengeld genommen hat und damit keine Genehmigung der Eltern erforderlich ist.

Schwieriger ist die Rechtslage, wenn der Kaufpreis über den Betrag von einigen Euro hinausgeht. Dann muss der Verkäufer abwägen, wie alt der Jugendliche ist und ob der Zahlbetrag noch zur Höhe seines Taschengeldes passt. Im Zweifelsfall muss der Verkäufer den Jugendlichen entsprechend befragen.

Sehr streng zu betrachten ist, wenn es sich beim gekauften Gegenstand um für Jugendliche nicht bestimmte Sachen handelt, wie z. B. hochprozentige alkoholische Getränke. Hier macht sich der Verkäufer strafbar, wenn er die gesetzlichen Bestimmungen verletzt, weshalb nur eine Ausweiskontrolle die Rechtsmäßigkeit des Erwerbs garantieren kann. Um sich vor versehentlicher Falschabgabe von Alkohol oder Tabakwaren an Unberechtigte zu schützen, geben manche Scannerkassen in Supermärkten bei diesen Artikeln einen Warnton ab, sodass das Kassenpersonal den Käufer noch einmal kritisch betrachten kann.

Für den Handel bleibt jedoch immer ein Restrisiko. Denn sobald aufgebrachte Eltern mit von ihren minderjährigen Kindern gekauften Gegenständen samt Kaufbeleg im Laden auftauchen und auf Rücknahme pochen, bleibt dem Verkäufer kaum eine andere Wahl als diesem Wunsch zu entsprechen, fehlt doch dem Kaufvertrag die notwendige Zustimmung der Eltern.

An der Scannerkasse im Supermarkt

Die Bezahlung

Beim Einkauf in einem Ladengeschäft kann man entweder bar oder mit einer Karte bezahlen. Wer bar bezahlt, sollte – sofern er den erforderlichen Betrag nicht passend hat – auf das zurückerhaltene Wechselgeld achten. Zwar rechnen moderne Kassensysteme nach der Eingabe des Kaufpreises und des gegebenen Geldbetrages den Rückgabebetrag sofort aus, doch funktioniert dies nur, wenn die Beträge richtig eingegeben worden sind. Sollte sich das Kassenpersonal vertippt haben, kann dies die Kasse nicht erkennen. Merkt man das zu spät, ist eine Reklamation meist zwecklos, denn der Fehler ist nur schwer nachzuweisen. An vielen Kassen findet man deshalb den Hinweis, das Wechselgeld sofort nachzuzählen, was man auch tun sollte.

Die Sorge, Falschgeld zu erhalten, ist in Deutschland eher unbegründet. Wer Bargeld bei der Bank erhält, kann sicher sein, dass es sich um keine Fälschungen handelt. Bei der Herausgabe von Bargeld in Ladengeschäften sollte man ein wenig „Fingerspitzengefühl" haben, denn die meisten gefälschten Banknoten fühlen sich auch „unecht" an. Wer ganz sicher gehen will, kann die Geldscheine nach den bekannten Sicherheitsmerkmalen untersuchen. Nur beim Empfang von Geldscheinen im Ausland – vor allem, wenn man dort auf der Straße Geld eintauscht – sollte man besonders vorsichtig sein.

Rückgabe, Umtausch und Kulanz

Stellt sich nach dem Einkauf heraus, dass die gekaufte Sache zwar einwandfrei ist, aber trotzdem der Käufer die Ware zurückgeben oder umtauschen möchte, so ist zu beachten, dass Umtausch oder Rückgabe nur möglich ist, wenn dieses Recht vor dem Kauf vom Händler auch ausdrücklich eingeräumt worden ist – was im Normalfall nicht der Fall ist. Sollte der Verkäufer trotzdem einem Umtausch usw. zustimmen, geschieht dies immer aus Kulanz, auf die der Käufer keinen Anspruch hat. In diesem Fall muss der Käufer auch damit rechnen, nicht den Kaufpreis zurückzuerhalten, sondern einen Gutschein über den Geldbetrag. Solche Gutscheine gelten – sofern keine andere Regelung vereinbart wird – genau drei Jahre ab dem Ausstellungsdatum. Bei einer kürzeren Gültigkeitsdauer sollten zwölf Monate nicht unterschritten werden.

Bei einem Gutschein ist der Text wichtig, nicht das Aussehen.

Zusammenfassung

1. Beim Einkauf in einem Ladengeschäft tätigen Jugendliche und andere Privatpersonen einen einseitigen Handelskauf.
2. Tätigen Jugendliche Einkäufe auf der Basis ihres Taschengeldes, sind diese Kaufverträge rechtskräftig.
3. Möchten Jugendliche höhere Beträge oder größere Summen angesparten Geldes ausgeben, benötigen sie die Zustimmung der Erziehungsberechtigten.
4. Jugendliche dürfen bestimmte, nicht für sie geeignete Güter keinesfalls käuflich erwerben.
5. Beim Einkauf in einem Ladengeschäft müssen Jugendliche damit rechnen, kritisch betrachtet und zu ihrem Alter befragt zu werden.
6. Beim Einkauf mit Barzahlung sollte das Wechselgeld unbedingt nachgezählt werden.
7. Bei im Ladengeschäft gekaufter, einwandfreier Ware besteht grundsätzlich kein Umtausch- oder Rückgaberecht. Der Käufer muss hier auf die Kulanz des Verkäufers hoffen.

Aufgaben

1. Recherchiere die Sicherheitsmerkmale der Eurobanknoten und suche diese auf einer beliebigen Banknote.
2. Erkläre den Begriff „Kulanz“ an einem selbst gewählten Beispiel.
3. Immer wieder gibt es Fälle von betrunkenen Minderjährigen.
   a) Wie ist die Rechtslage, wenn sie den Alkohol selbst eingekauft haben?
   b) Wie ist die Rechtslage, wenn ein volljähriger Freund den Alkohol für sie besorgt hat?
4. Wie soll verhindert werden, dass Minderjährige sich an Automaten Alkohol oder Zigaretten besorgen?

3.4 Der Kaufvertrag nach dem Fernabsatzgesetz

Christians Freund Max will nun auch neue Sportschuhe. Er findet das Angebot in den Fachgeschäften der Innenstadt aber zu dürftig und sucht sich ein Paar Sportschuhe im Internet aus. Nach mehreren Klicks hat er etwas Passendes gefunden. Mit einem weiteren Klick sind die Schuhe gekauft. Drei Tage später bringt der Bote eines Paketdienstes den Karton mit den Schuhen bei Max an die Haustür. Da Max in der Schule ist, nimmt seine Mutter die Lieferung an.

Arbeitsauftrag:
Suche auf drei verschiedenen Verkaufsportalen im Internet das sogenannte „Kleingedruckte", also die Geschäftsbedingungen. Notiere daraus vier auch für dich wichtige Bestimmungen.

Wird ein Kaufvertrag nicht unter Anwesenden geschlossen, also zwischen Personen, die sich persönlich gegenüberstehen, erfolgt der Vertragsabschluss unter Abwesenden. In diesem Fall sind Verkäufer und Käufer „nicht gleichzeitig körperlich anwesend" und durch technische Medien wie Telefon oder Internet miteinander verbunden. Juristisch handelt es sich um einen Fernabsatzvertrag. In dem hierzu erlassenen Fernabsatzgesetz und der ebenfalls anzuwendenden Europäischen Verbraucherrechtsrichtlinie (VRRL) sind eine Reihe spezieller Regelungen zum Schutz des Käufers festgeschrieben worden, wie z. B.:

- Der Verkäufer muss sich im Impressum eindeutig identifizieren (u. a. mit Name, Firmensitz usw.). Dies gilt in ganz Europa.
- Die Allgemeinen Geschäftsbedingungen (das sind die Geschäftsregeln, die der Verkäufer dem Kaufvertrag zugrunde legt) müssen vor Vertragsabschluss zugänglich sein, sodass sie der Käufer vor einer Bestellung lesen kann.
- Der Umfang der angebotenen Leistung und deren voller Preis (inklusive Nebenkosten und Steuern) müssen vor Vertragsabschluss eindeutig bestimmt sein.
- Der Kunde hat, sofern er nicht von einer Privatperson kauft, immer ein 14-tägiges Widerrufsrecht ab dem Zeitpunkt der Übergabe der Sache bzw. Leistung. Über dieses Recht muss er vom gewerblichen Verkäufer vor Vertragsabschluss aufgeklärt werden.
- Der Verkäufer muss dem Kunden mindestens ein zumutbares Zahlungsmittel anbieten, das der Käufer zur Geldübersendung nutzen kann und bei dem er keine Aufschläge entrichten muss. Dies wäre der Kauf gegen Rechnung (mit anschließender Überweisung) oder gegen Lastschrift (bei der der Verkäufer den Kaufbetrag vom Konto des Käufers abbucht).

Beim heute weit verbreiteten Internetkauf ruft man den Webshop des gewünschten Anbieters im Internet auf und sucht dort nach dem gewünschten Artikel.

AGB sollten genau gelesen werden.

Eine andere Möglichkeit ist die Suche nach dem preiswertesten Angebot, indem man bei einer Preissuchmaschine den gewünschten Artikel möglichst genau beschreibt, woraufhin Anbieter genannt werden, die diese Sache besonders günstig liefern können.

Kaufvertrag beim Internetkauf

Grundsätzlich sind auch Kaufverträge im Internet schwebend unwirksam, wenn der Käufer ein Minderjähriger ist. Doch wird dadurch der Taschengeldparagraf nicht außer Kraft gesetzt. Allerdings kann der Verkäufer im Internet seinen Kunden nicht sehen. Deshalb wird für ihn die Sachlage schwieriger als bei einem Verkauf im Laden.

Problemlos ist der Internetkauf, wenn der Verkäufer vom Käufer eine Altersangabe verlangt und diese wahrheitsgemäß abgegeben wird. Dann kann der Verkäufer anhand des Preises entscheiden, ob dies unter die Regelung des Taschengeldparagrafen fällt und entsprechend verkaufen oder den Kaufvertrag ablehnen. Bei höheren Kaufbeträgen ist der Verkäufer auf der sicheren Seite, wenn er die Zustimmung der Erziehungsberechtigten zum Kauf bereits vor Vertragsabschluss einholt. Diese Zustimmung sollte mindestens in Form einer E-Mail bei ihm vorliegen. Erfolgt sie nicht, kann kein Kaufvertrag geschlossen werden.

Beim Verkauf von Gütern, die nicht jugendfrei sind, ist immer eine strenge Alterskontrolle durch den Verkäufer vorgeschrieben.

Ohne weitere juristische Feinheiten kann man also sagen, dass auch im Internet Jugendliche problemlos einkaufen können, solange es sich um Alltagsgeschäfte mit „überschaubaren" Beträgen handelt. In allen anderen Fällen ist der Verkäufer in der Pflicht, das Alter des Käufers zu erfragen oder die Zustimmung der Erziehungsberechtigten zum Kauf durch einen Minderjährigen einzuholen. Sollte der Verkäufer hier fehlerhaft handeln, muss er damit rechnen, dass der Kaufvertrag nicht rechtskräftig wird. Dies würde für ihn bedeuten, dass er eventuell bereits versandte Ware zurückfordern muss. Diesen Aufwand kann er sich durch Sorgfalt vor dem Vertragsabschluss ersparen. Nur zu glauben, der Käufer sei volljährig, ist für den Verkäufer als Schutz vor Nachteilen nicht ausreichend.

Sollte dem Verkäufer in dieser Hinsicht doch ein Fehler unterlaufen sein, könnte er versuchen, nachträglich noch die Zustimmung der Erziehungsberechtigten einzuholen. Wird diese allerdings verweigert, hat er juristisch die schlechteren Karten.

Vor dem Abschluss eines Kaufvertrags im Internet und der damit eingegangenen Zahlungsverpflichtung muss der Käufer durch einen Button (der anzuklicken ist) noch einmal darauf aufmerksam gemacht werden[1].

Ab hier kann es wirklich Geld kosten.

Sicherheit beim Internetkauf

Wer beim Einkauf im Internet (oder am Telefon) Wert auf Sicherheit legt, sollte sich nicht nur auf die Beurteilungen des Verkäufers durch andere Kunden verlassen, sondern möglichst auf Rechnung (also erst nach der Lieferung) bezahlen. Vor allem bei Vorkasse (wenn also bereits bezahlt wird, bevor die Ware eingegangen ist) besteht die Gefahr, dass man Betrügern aufsitzt und das Geld weg ist, man aber keine Ware erhält. Selbst bei Nachnahme (wenn also der Rechnungsbetrag an den Paketzusteller bezahlt wird) weiß man nicht, ob im ausgehändigten Paket auch wirklich die gewünschte Ware enthalten ist.

Widerrufsrecht beim Internetkauf

Ist der Käufer mit der per Internet bestellten und gelieferten Ware nicht zufrieden, kann er von seinem Widerrufsrecht Gebrauch machen. Er muss dem Verkäufer dann binnen 14 Tagen seinen Widerruf des Kaufvertrags ausdrücklich erklären. Onlineshops müssen dazu ein Muster-Widerrufsformular anbieten, das ausgefüllt und abgeschickt wird. Anschließend wird die Ware (innerhalb von 14 Werktagen) zurückgeschickt. Nur die Ware kommentarlos zurückzusenden reicht also nicht. Doch kann der Käufer auch ohne Widerrufsformular seinen Widerruf auf andere Weise schriftlich erklären (z. B. per Brief). Von der Möglichkeit des Widerrufs gibt es einige Ausnahmen, wie z. B. bei Hygieneartikeln oder bereits vom Käufer entsiegelten CDs.

Die Kosten der Rücksendung der Ware muss (sofern der Verkäufer dies so festgelegt hat) immer der Kunde tragen. Er hat dann Anspruch darauf, den eventuell bereits gezahlten Kaufpreis und die ihm in Rechnung gestellten Versandkosten auf dem Weg zurückzuerhalten, auf dem er das Geld dem Händler übermittelt hat.

Zusammenfassung

1. Das beim Internetkauf angewandte Fernabsatzgesetz und die VRRL bieten dem Käufer, neben anderen Regeln zu seiner Sicherheit, vor allem ein 14-tägiges Widerrufsrecht.
2. Kaufverträge im Internet bringen vor allem für den Verkäufer Probleme, da er den minderjährigen Käufer nicht sieht und ohne entsprechende Feststellung dessen Alter nicht kennt.
3. Beim Verkauf teurer Güter wird der Internetverkäufer auf Altersangabe und/oder Zustimmung der Erziehungsberechtigten bestehen.

1 Vgl. dazu die in Kapitel 2.5 dargelegte Button-Regelung.

4. Sicher einkaufen kann man im Internet nur bei vertrauenswürdigen Anbietern oder durch Bezahlung nach dem Warenempfang und der Warenprüfung.
5. Ist im Internet bestellte Ware geliefert worden und entspricht sie nicht den Vorstellungen des Käufers, kann er innerhalb von 14 Tagen schriftlich den Kauf widerrufen und die Ware zurückgeben. Versender sollten dazu ein Formular zur Verfügung stellen.
6. Die Kosten der Rücksendung gelieferter Ware hat der Käufer zutragen, wenn dies der Verkäufer verlangt.

Aufgaben

1. a) Lege dar, was ein Widerrufsrecht ist.
   b) Lege dar, warum der Handel mit diesem Käuferrecht nicht glücklich ist.
   c) Lege dar, weshalb dieses Recht für den Käufer notwendig ist.
   d) Lege dar, warum dieses Recht beim Einkauf in einem Ladengeschäft den Käufern nicht zugebilligt wird.
   e) Suche auf der Internetseite eines Versandhauses deiner Wahl das Widerrufsformular und überlege, ob du in der Lage wärst, dieses alleine auszufüllen.
2. Recherchiere auf fünf Internetseiten von Anbietern, die Artikel führen, die du gerne kaufen würdest, und finde heraus, ob und in welcher Weise diese Verkäufer sich juristisch gegen den Umgang mit Minderjährigen absichern.
3. Welche Folgen hat es für dich, wenn du dich bei einem im Internet abgeschlossenen Kaufvertrag älter gemacht hast, als du tatsächlich bist?
4. Diskutiere den im Text genannten Begriff der „überschaubaren Beträge".

Aufgaben

... zu den Verträgen im täglichen Leben von Familie Frank

Lies zur Lösung der folgenden Fälle im Buch nach und recherchiere im Internet.

1. Peng, die Haustüre ist zu, der Schlüssel steckt von innen. Zum Glück ist der Nachbar zu Hause und bietet das Branchentelefonbuch und sein Telefon an. Also, Anruf beim Schlüsselnotdienst, dieser verspricht, schnell vor Ort zu sein und die Tür zu öffnen. Auf Nachfrage wird versichert, dass dies zum Festpreis von 99,00 € erfolgen würde.
   Nach gut einer Stunde ist der Helfer da. Mehr oder weniger fachkundig öffnet er die Türe und schreibt eine Rechnung über 159,00 €. Der telefonisch vereinbarte Festpreis interessiert ihn nicht, da diese Aussage eine Vermittlungszentrale getätigt hat, er aber an diesem Sonntag eine lange Anfahrt gehabt hat.
   a) Muss der höhere Preis bezahlt werden?
   b) Wie kann die Festpreisvereinbarung belegt werden?
   c) Der beschädigte Türrahmen muss für 40,00 € repariert werden. Wer trägt die Kosten?
2. Anzug probiert, passt und gekauft, d. h. bezahlt, eingepackt und nach Hause mitgenommen. Die Familie ist entsetzt über Vaters Geschmack und den Anzug. Also geht Vater ins Geschäft zurück und will den Anzug zurückgeben. Schließlich hat man ja ein Recht auf Umtausch oder Rückgabe. Stimmt das?
3. Ein tolles Wasserbett! Es wird sofort beim Internetanbieter bestellt. Nach Lieferung und Aufstellung wird es befüllt und getestet. Dabei stellt sich heraus, dass es Vater zu

schauklig ist. Also Wasser wieder raus und zurück an den Lieferer. Der aber besteht auf Abnahme, da das Bett bereits benutzt sei und nicht mehr als „neu" verkauft werden könne. Wie ist die Rechtslage?

4. a) Die im Internet bestellten Hemden werden zwei Tage später geliefert. Zum Anprobieren werden sie ausgepackt und von den Stecknadeln befreit. Dann werden sie probiert. Im allgemeinen Durcheinander bekommt ein Hemd einen Rotweinfleck ab. Was tun? Natürlich einpacken und zurücksenden, da man ja ein 14-tägiges Rückgaberecht hat. Geht das so?
   b) Das Hemd kostet 39,00 €. Wer muss die Rücksendekosten tragen?
5. Die Homepage machte einen sehr guten Eindruck, ein persönliches Gespräch mit dem Chef verlief sehr angenehm. Also erhielt der Fliesenleger den Auftrag für das neue Badezimmer. Seine Mitarbeiter waren allerdings nicht so toll, undichte Fugen und Unebenheiten im Boden waren das Ergebnis. Dazu „geisterten" sie in Abwesenheit der Familie durch das Haus und benutzten Werkzeug aus dem Keller. So wird beschlossen, die Nachbesserungen von einem anderen Unternehmen durchführen zu lassen. Der ursprünglich beauftragte Betrieb besteht darauf, dies selbst zu erledigen.
   a) Wer ist im Recht?
   b) Können die Kosten der Nachbesserung durch eine Fremdfirma von der ursprünglichen Rechnung abgesetzt werden?
6. Tolle Wanderjacken hängen im Laden, alle für 199,00 €. Nur eine Jacke, zufällig in der richtigen Größe, ist mit 99,00 € ausgezeichnet. Ein Fehler? Egal, Mama Frank will die Jacke zu diesem Preis. Wird sie sie bekommen? Gilt das Preisschild?
7. Eine neue Markise für die Dachloggia, ein Einzelstück mit allen Finessen, das hat seinen Preis. Der Fachbetrieb verspricht Lieferung in sechs Wochen und bittet um Vorauszahlung der gesamten 1 700,00 €. Nach acht Wochen ist keine Markise da, dafür kommt ein Brief von einem Insolvenzverwalter, der mitteilt, dass das Unternehmen zahlungs- und lieferunfähig ist.
   a) Erhält die Familie das Geld zurück oder die Markise noch?
   b) Welchen Fehler haben sie gemacht?
8. Nach einem ärztlich festgestellten Bandscheibenvorfall ist Schluss mit dem Training im Fitnessstudio. Unter Vorlage des Attests geht die Kündigung per E-Mail an das Studio. Dort weist man sie zurück, da in den AGB eine Kündigung per E-Mail oder Fax ausgeschlossen ist. Muss noch einmal auf anderem Weg gekündigt werden?
9. Welch ein Ereignis, die Traumhochzeit der Nichte! Die Ernüchterung kommt zwei Tage später. Der Fotograf liefert Bilder und ein Video in miserabler Qualität, dafür besteht er auf Bezahlung des vereinbarten Preises, da er seine Leistung erbracht habe. Zudem verweist er darauf, dass sein Mitarbeiter sich bei der Arbeit viel Mühe gegeben habe.
   a) Muss das Brautpaar bezahlen?
   b) Der Fotograf bietet an, neue Bilder zu knipsen, wenn die Feier noch einmal nachgestellt wird. Muss die Hochzeitsgesellschaft darauf eingehen?
10. Familie Frank findet eine wunderschöne Polstergarnitur im Möbelgeschäft: zwei kleine Sofas, zwei Sessel und passende Tische. Die Ausstellungsmodelle will die Familie nicht, also wird alles neu bestellt. Nach sechs Wochen werden ein Sofa und ein Sessel geliefert. Der Rest ist nach Sortimentsumstellung des Herstellers nicht mehr lieferbar. Eine entsprechend geänderte Rechnung hat der Lieferfahrer dabei. Muss Familie Frank die Teillieferung abnehmen und bezahlen?

3.5 Risiken und Gefahren beim Internetkauf

Immer mehr Verwandte und Freunde erzählen Christian Frank, welche Superschnäppchen sie im Internet gemacht haben. Christians Mutter ist von Natur aus skeptisch und weist stets darauf hin, dass da vieles nicht mit rechten Dingen zugehen könne. Christian meint, sie sei einfach aus einer Generation, für die das Internet nicht gedacht sei.

Arbeitsauftrag:
Das Internet ist kein rechtsfreier Raum, aber es tummeln sich hier eine Menge schwarzer Schafe. Suche in den Medien (Zeitung, Fernsehen, Internet) nach drei Internetbetrugsfällen, die in jüngster Zeit aufgedeckt worden sind.

So schön es ist, im Internet vieles billig zu erwerben, wenn angebotene Sachen aber zu billig sind, sollte man misstrauisch werden. Vor allem bei Internetshops, die nur extrem verbilligte Markenartikel anbieten (die also um mehr als ein Drittel billiger sind als im Laden), sollte der Käufer stutzig werden. Hier handelt es sich immer häufiger um sogenannte „Fake-Shops", die nur das Geld des Kunden kassieren, aber keine Ware liefern.

An dem Internetauftritt selbst kann man solche Fake-Shops nicht erkennen, denn der sieht professionell und seriös aus. Erst wenn der Preis besonders niedrig ist und beim Einkauf nur „Vorkasse" (also die sofortige Bezahlung der Ware vor der Lieferung) angeboten wird, kann man u. U. auf eine Betrugsabsicht schließen. Wer dann das Geld vorab überweist, erhält anschließend keine Ware. Und bis der geprellte Käufer polizeiliche Ermittlungen in Gang setzen kann, ist der Internetshop längst gelöscht und die Bankkonten sind leergeräumt. Das Geld ist unwiederbringlich verloren.

Wer sich vor solch unseriösen Angeboten schützen will, sollte einige Punkte beachten:

Impressum	Jeder Internetshop muss ein Impressum aufweisen. Klickt man dieses an, sieht man Adresse, Telefonnummer usw. des Anbieters. Liegt die Adresse in einem weit entfernten oder „exotischen" Land, ist immer Vorsicht geboten, genauso, wenn als Adresse nur ein Postfach angegeben wird. Durch einen kurzen Anruf lässt sich zudem feststellen, ob der Telefonanschluss überhaupt besteht. Telefon- und Adressverzeichnisse (wie z. B. klicktel.de oder dasoertliche.de) sollten das Unternehmen aufführen.
Bewertungsportale	Vor Bestellung und Bezahlung sollte man in Bewertungsportalen nach Erfahrungsberichten und Beschwerden über den Anbieter suchen.
Gütesiegel	Häufig schmücken sich auch betrügerische Unternehmen mit Gütesiegeln. Es gibt eine Vielzahl solcher Gütesiegel für Internetshops (z. B. „Trusted Shops", „safer-shopping", „Geprüfter Online-Shop") und auch eine passende Übersicht (empfohlene Online-Gütesiegel). Seriöse Anbieter haben meist eine Verlinkung, d. h., klickt man das Logo des Gütesiegels an, wird dessen Homepage geöffnet. Bei Fake-Shops besteht diese Verlinkung in den meisten Fällen nicht
Internetlinks	Vorsichtig sollte man sein, wenn man auf einen Onlineshop über Internetlinks weitergeleitet wird, denn die Originalseite und die gefälschte Seite unterscheiden sich in der Internetadresse.

Bezahlung	Zur Bezahlung sollte man Rechnung, Bankeinzug, PayPal oder Kreditkarte verwenden.
	Lieferung gegen Rechnung Erst nach Empfang und Prüfung der Ware erfolgt die Überweisung des Rechnungsbetrages.
	Bankeinzug • Der Käufer räumt dem Lieferanten das Recht ein, den Rechnungsbetrag von seinem Bankkonto abzubuchen • Ist die Lieferung nicht in Ordnung, kann der Käufer über seine Bank das abgebuchte Geld innerhalb von acht Wochen zurückbuchen lassen.
	PayPal • Das Geld wird von einem „virtuellen" Konto sehr schnell an den Empfänger überwiesen. • Dieser erfährt weder die Bank- noch die Kreditkartenverbindung, somit besteht keine Betrugsgefahr. • Allerdings sind Rückforderungen von PayPal-Zahlungen an unseriöse Geschäftspartner nicht ohne Probleme.
	Kreditkartenzahlung bietet einem die Möglichkeit der Rückforderung des Geldes über sein Kreditkartenunternehmen.
	Nachnahme bietet keine absolute Sicherheit, da die gelieferte Sendung erst nach Geldübergabe ausgehändigt wird und man dann deren Inhalt prüfen kann.

Es gibt viele Gütesiegel – gute und schlechte.

Zusammenfassung

1. Gerade beim Einkauf im Internet sollte auf die Seriosität des Verkäufers geachtet werden. Sie ist bei extrem billigen Angeboten häufig nicht gegeben.
2. Um sich abzusichern, kann der Käufer
   - das Impressum des Internetshops lesen und Firmensitz sowie Kontaktmöglichkeiten prüfen;
   - auf Bewertungsportalen nach Warnungen bezüglich des Verkäufers suchen;
   - überprüfen, ob aufgeführte Gütesiegel zu Recht benutzt werden;
   - überprüfen, ob die Weiterleitung über einen Link wirklich zur „echten" Anbieterseite führt.
3. Bei der Bezahlung sollten sichere Möglichkeiten wie Zahlung auf Rechnung, Bankeinzug oder Kreditkarte bevorzugt werden.
4. Auch Nachnahme bietet keine absolute Sicherheit, da von außen der Paketinhalt nicht erkennbar ist.

Aufgaben

1. Was versteht man unter einem Impressum?
2. a) Recherchiere im Internet die Käuferbewertungen eines Ladengeschäfts, in dem du in letzter Zeit eingekauft hast.
   b) Decken sich etwaige Kritikpunkte anderer Kunden mit deinen eigenen Erfahrungen?
3. Recherchiere für zwei Gütesiegel, die für Internetshops verliehen werden können, welches Unternehmen bzw. welche Institution das Gütesiegel vergibt. Kannst du daraus Schlüsse ziehen auf die Qualität des Gütesiegels?
4. Die meisten Kunden würden ihren Internetkauf am liebsten nach Lieferung und Rechnungseingang bezahlen. Warum bieten so wenige Internetshops diese Möglichkeit an?
5. Unter welchen Bedingungen kann im Internet eingekauft und tatsächlich erst nach Lieferung bezahlt werden?

3.6 Die Kaufbelege

Nach dem Kauf der neuen Sportschuhe sitzen Christian und Max zusammen. Sie vergleichen nicht nur die Schuhe und deren Preis, sondern stellen auch fest, dass sie jeweils ganz unterschiedliche Kaufbelege erhalten haben.

Arbeitsauftrag:
Sammle eine Woche lang alle in der Familie anfallenden Kaufbelege (wenn nötig als Kopie) und versuche Unterschiede festzustellen. Notiere, welche Angaben auf allen Belegen abgedruckt sind.

Beim Kauf erhält der Käufer von einem Händler immer einen Kaufbeleg, allerdings in recht unterschiedlicher Form.
Wird im Geschäft mit Bargeld bezahlt (Barzahlung), so kann dieser Beleg ein Kassenbon (z. B. im Supermarkt), eine Quittung (z. B. in einem Fachgeschäft) oder eine Rechnung sein (meist bei größeren Käufen). Jeder dieser Belege ist der „Beweis“ für die Bezahlung und wichtig für Gewährleistungsansprüche, wenn also der gekaufte Artikel Mängel aufweisen sollte.
Auch beim Einkauf im Internet muss der Verkäufer dem Käufer einen Kaufbeleg zukommen lassen. Dies geschieht meist mit dem Versand der Ware oder per E-Mail.
Diese Belege können sehr unterschiedlich gestaltet sein. Der Käufer sollte wissen, welche Sachverhalte auf einem solchen Beleg vorhanden sein müssen.

Der Kassenbon

Auf dem Weg zur Schule (die heute erst später beginnt) hat Christian Frank plötzlich Heißhunger auf etwas Süßes. Also hält er mit seinem Fahrrad an und versorgt sich. Für seinen Einkauf erhält er einen Kassenbon, den er unbesehen wegwirft.

Bei modernen Kassensystemen wird mit dem Bezahlvorgang automatisch ein Kassenbon ausgedruckt. Der Kunde hat einen Anspruch darauf, diesen zu erhalten.

Im Supermarkt wird durch die Scannerkasse (bei der die Artikel über einen Strichcode erfasst und eingelesen werden) ein Kassenbon automatisch erstellt. Ihm ist eine Reihe von Informationen zu entnehmen:

- Name des Unternehmens, bei dem eingekauft wurde,
- Gegenstand (Was wurde gekauft?),
- Preis (pro Artikel und insgesamt),
- Datum (Wann wurde gekauft?).

Lebensmittel Lang
Filiale Albert-Roßhaupter-Straße
Albert-Roßhaupter-Straße 215
81369 München

Bon-Nr.: 999/03	12.10.20..	09:04
St.-Nr.:	145/215/54333	
USt-IdNr.:	DE120616679	
Gummibären „natur"	2x 1,29 €	2,58 €
Schokolade „Alpensahne"	1,19 €	1,19 €
***Total		3,77 €
Bar		10,00 €
Rückgeld		6,23 €
Nettobetrag		3,52 €
Umsatzsteuer 7 %		0,25 €
Bruttobetrag		3,77 €

****
Wir sind für Sie da:
Mo.–Sa. von 7:00 bis 20:00 Uhr
Telefon: 089-412298
****
Vielen Dank für Ihren Einkauf.

Die Quittung

Christian Frank hat im Schreibwarengeschäft gegenüber seiner Schule schnell noch einiges für seinen Vater eingekauft. Da sein Vater einen Beleg benötigt, hat Christian im Laden um eine Quittung gebeten und diese auch erhalten. Den Beleg bringt er mittags mit nach Hause.

Netto	€	***14***	Cent	***83***
+ 19 % USt	€	***2***	Cent	***82***
Gesamt	€	***17***	Cent	***65***

Quittung
Nr. 258

Gesamtbetrag € in Worten (Cent wie oben)

----siebzehn----

(im Gesamtbetrag sind *19* % Mehrwertsteuer enthalten)

von:
Christian Frank

für:
Schreibwaren

richtig erhalten zu haben, bestätigt

Ort: *München* **Datum:** *14.10.20..*

Buchungsvermerke

Stempel/Unterschrift des Empfängers
Erwin Müller
Schreibwaren Müller
Gotzinger Platz 4
81371 München

Dieser Beleg enthält alle wichtigen Angaben zum Kauf:

- Gesamtbetrag (= Zahlbetrag) in Zahlen und zur Sicherheit in Worten,
- Name des Zahlenden (Käufer),
- Name des Zahlungsempfängers (Verkäufer),
- Ort und Datum des Kaufs,
- Unterschrift des Verkäufers.

Durch den Quittungsbeleg bestätigt der Verkäufer, dass er den Geldbetrag erhalten hat.

Die Rechnung

Christian Frank hat für seinen Vater beim Großhändler Oberschlager verschiedene Kleinteile mit dem Fahrrad abgeholt, da dies der schnellste Weg gewesen ist, dringend benötigte Waren zu erhalten. Mit der Rechnung übergibt er alles dem Vater.

Sanitär Oberschlager

Ihr Großhändler im Sanitärbereich

Sanitär Oberschlager OHG – Karwendelstr. 34 – 81369 München

Küchenstudio Frank e. K.
Herrn Stefan Frank
Augustenstr. 117
80333 München

Ihre Ansprechpartnerin:
Frau Theresa Fichtl
Tel.: 089 54015686-17
Fax: 089 54015686-99
E-Mail: fichtl@sani-oberschlager.de

RECHNUNG

Kunden-Nr.	Rechnungs-Nr.	Rechnungsdatum	Auftrag	Lieferdatum
5548754	1258-4455	19.10.20..	1637	19.10.20..

Pos.	Art.-Nr.	Bezeichnung	Einzelpreis	Menge	Gesamtpreis
1	MB-114	Mischbatterie Aqua sonic	143,22 €	2	286,44 €
2	SI-4459	Siphonset de luxe	16,99 €	2	33,98 €
			Warenwert netto		**320,42 €**
			Nettogesamtwert		**320,42 €**
			Umsatzsteuer	19 %	**60,88 €**
			Bruttogesamtbetrag		**381,30 €**

Wir bedanken uns für Ihren Einkauf!

Zahlbar innerhalb 10 Tagen mit 2 % Skonto, 30 Tage netto

Tel.: 089 54015686-0
Fax: 089 54015686-99
E-Mail: info@sani-oberschlager.de
www.sani-oberschlager.de

Gerichtsname: Amtsgericht München
Handelsregisternummer: HRA 1772

Stadtsparkasse München
Konto 0629469
BLZ 701 500 00
IBAN DE03 7015 0000 0000 6294 69
BIC SSKMDEMM

St.-Nr.: 145/549/40033

Postgiroamt München
Konto 10026809
BLZ 700 100 80
IBAN DE60 7000 1008 0100 2680 9
BIC PBNKDEFF

USt-IdNr.: DE125172002

Eine Rechnung wird meist dann ausgestellt, wenn es sich um teurere Waren handelt. Sie enthält neben den Daten, die auch auf einem Kassenbon und einer Quittung enthalten sind, noch weitere Informationen, z. B. die genaue Bezeichnung der Ware.

Damit es zu keinen Missverständnissen zwischen Käufer und Verkäufer kommt, sollte der Käufer jeden Beleg genau prüfen. Stimmen die Angaben auf dem Beleg mit dem Artikel überein? Ist der Preis korrekt angegeben? Stimmt das Kaufdatum (wichtig für einen Gewährleistungsanspruch!)? usw.

Zusammenfassung

1. Bei jedem Einkauf hat der Käufer Anspruch darauf, einen Kaufbeleg zu erhalten. Dieser kann in unterschiedlicher Form ausgestellt werden.
2. Ein Kassenbon wird häufig von der Kasse des Verkäufers automatisch ausgedruckt.
3. Als Quittung wird handschriftlich ein (meist vorgedrucktes) Formular ausgefüllt, das den Kaufgegenstand häufig nur grob umschreibt.
4. Eine Rechnung ist die ausführlichste und umfangreichste Form des Kaufbelegs. Sie wird ausgeschrieben, wenn der Kaufbetrag eine größere Summe ist und wenn eventuell nicht bar bezahlt wird. Es ist durchaus üblich, auf der Rückseite der Rechnung das „Kleingedruckte", also die Allgemeinen Geschäftsbedingungen (AGB) abzudrucken.
5. Auch bei Internetkäufen hat der Käufer Anspruch auf einen Kaufbeleg. Dies ist im Normalfall eine Rechnung.
6. Nur bei Einkäufen mit Kleinstbeträgen erhält der Käufer häufig keinen Kaufbeleg (z. B. bei vielen Bäckereien oder beim Pausenverkauf im Schulhaus).

Aufgaben

1. Hebe bei deinem nächsten Einkauf den Kassenbon auf und betrachte ihn genau. Erstelle eine Liste, auf der du zu den oben genannten Stichpunkten die Informationen aus dem Kassenbon einträgst.
2. Viele Kunden lassen nach dem Einkauf den Kassenbon liegen oder werfen ihn unbesehen zum Altpapier. Was hältst du von dieser Verhaltensweise? Begründung?
3. Finde die im Text genannten Bestandteile in der abgebildeten Quittung.

Besorge dir Quittungsformulare zur Lösung der folgenden Aufgaben.

4. Klaus Grüner kauft im Musikladen „music & more e.K." in 91052 Erlangen, Marktplatz 15, am 12.06.20.. für ein Schulfest zehn CDs ein. Die Gesamtkosten betragen 140,00 €. An der Kasse verlangt er eine Quittung. Fülle ein Quittungsformular entsprechend aus. Die Quittung trägt die Nummer 69944.
5. Du bist Verkäufer/in im Schwabacher Einzelhandelsgeschäft „Gewürzteufel", Königsplatz 67, PLZ 91126. Die Kundin Helga Kreuzer kauft am 18. Mai 20.. Gewürze für insgesamt brutto 9,28 €. Erstelle für die Kundin eine Quittung (Nummer 4478).
6. Besteht zwischen dem Betrag in Ziffern und dem in Worten ein Unterschied, so gilt immer welcher Betrag als richtig? Warum ist das so?
7. Finde mindestens drei weitere Informationen heraus, die zwar auf der Rechnung, nicht aber auf dem Kassenbon enthalten sind.
8. Im folgenden Beleg sind fünf Änderungen zur obigen Rechnung enthalten. Findest du alle fünf heraus?

Sanitär Oberschlager

Ihr Großhändler im Sanitärbereich

Sanitär Oberschlager OHG – Karwendelstr. 34 – 81369 München

Küchenstudio Frank e. K.
Herrn Stefan Frank
Augustenstr. 117
80333 München

Ihr Ansprechpartner:
Herr Michael Fischer
Tel.: 089 54015686-27
Fax: 089 54015686-99
E-Mail: fischer@sani-oberschlager.de

RECHNUNG

Kunden-Nr.	Rechnungs-Nr.	Rechnungsdatum	Auftrag	Lieferdatum
5548754	1258-4455	01.10.20..	1637	01.10.20..

Pos.	Art.-Nr.	Bezeichnung	Einzelpreis	Menge	Gesamtpreis
1	MB-114	Mischbatterie Aqua sonic	143,22 €	2	286,44 €
2	SI-4459	Siphonset de luxe	26,99 €	2	53,98 €
			Warenwert netto		**340,42 €**
			Nettogesamtwert		**340,42 €**
			Umsatzsteuer	19 %	**64,68 €**
			Bruttogesamtbetrag		**405,10 €**

Zahlbar innerhalb 10 Tagen mit 1 % Skonto, 30 Tage netto

Tel.: 089 54015686-0
Fax: 089 54015686-99
E-Mail: info@sani-oberschlager.de
www.sani-oberschlager.de

Gerichtsname: Amtsgericht München
Handelsregisternummer: HRA 1772

Stadtsparkasse München
Konto 0629469
BLZ 701 500 00
IBAN DE03 7015 0000 0000 6294 69
BIC SSKMDEMM

St.-Nr.: 145/549/40033

Postgiroamt München
Konto 10026809
BLZ 700 100 80
IBAN DE60 7000 1008 0100 2680 9
BIC PBNKDEFF

USt-IdNr.: DE125172002

9. Beurteile, ob die gefundenen Änderungen dem Kunden Vor- oder Nachteile bringen.

Aufgaben
... zur Wiederholung

Christian Frank hat zu Hause in seiner „Sparbüchse" (zu der er selbst einen Schlüssel besitzt) so nach und nach 120,00 € angesammelt. Auf seinem Sparbuch hat er im Lauf der Zeit 500,00 € gespart. Nun hat er zum Geburtstag noch 150,00 € in bar als Geschenk bekommen.

Christian glaubt, monatlich 25,00 € sparen zu können und dies auch einige Zeit durchzuhalten.

1. Stelle die ihm von einem Kreditinstitut im Normalfall angebotenen Möglichkeiten der Geldanlage mit ihren jeweiligen Vor- und Nachteilen dar.
2. Zu welcher Sparmöglichkeit rätst du Christian mit welcher Begründung?

Die 150,00 € hat Christian gerade zur rechten Zeit erhalten. Nun kann er sich einige langgehegte Wünsche erfüllen. Zur Not kann er ja noch Geld vom Sparbuch und aus der Spardose verwenden.

3. Was muss er aus juristischer Sicht bei seinen Einkäufen grundsätzlich beachten?
4. Zuerst benötigt er dringend eine neue Laptop-Tasche, die er im „Multi-Markt" für 29,00 € kauft. Ist der Kauf rechtskräftig? Begründe deine Entscheidung kurz.

Vom Internethändler B&G bestellt er sich ein Paar Schuhe im Wert von 49,00 €.

5. Darf er die Schuhe ohne Zustimmung der Eltern kaufen?
6. Nach dem Anprobieren stellt er fest, dass
   a) die Schuhe nicht passen. Was kann er tun?
   b) die Farbe der Schuhe ihm doch nicht gefällt. Was kann er tun?
   c) nach einmaligem Tragen (nachmittags beim Stadtbummel mit Freunden) die Begeisterung für die Schuhe stark nachgelassen hat. Kann er sie nach zehn Tagen zurücksenden? Lege die Rechtslage dar.

Christian zeigt den Eltern stolz sein neues Smartphone. Es hat nur 1,00 € gekostet, dafür hat er einen Vertrag für 24 Monate abgeschlossen, der ihm für 19,99 € pro Monat eine Flatrate garantiert, d. h., er kann unbegrenzt telefonieren und im Internet surfen.

7. Wie ist die Rechtslage, wenn die Eltern sich zum Erwerb des Smartphones nicht äußern?

Im Supermarkt hat Christian vergeblich versucht, eine Flasche Wodka zu kaufen. Deshalb bittet er einen volljährigen Mitschüler, dies für ihn zu erledigen und händigt ihm 15,00 € aus.

8. Wie ist die Rechtslage?

Für 129,00 € hat sich Christian eine Designerjeans gekauft, die seine Eltern „scheußlich" finden.

9. Wie ist die Rechtslage?

Im „Pet-Shop" kauft Christian einen Zwerghasen für 15,00 €, dazu im „Haustier-Laden" einen Käfig für 30,00 € und Futter für 5,00 €. Die Eltern wollen das Tier nicht im Haus haben.

10. Lege die Rechtslage ausführlich dar.

Von seinem Sparbuch hebt Christian 250,00 € ab und kauft sich eine gebrauchte Trompete. Auch gegen diesen Kauf haben die Eltern Einwände, vor allem fürchten sie die Geräuschbelästigung.

11. Wie ist die Rechtslage?

Der Widerruf eines Kaufvertrags ist bei einem Internetkauf von Hygieneartikeln und entsiegelten CDs ausgeschlossen.

12. a) Recherchiere zwei weitere Gegebenheiten, die einen Widerruf von Internetkäufen unmöglich machen.
b) Erkläre an einem Beispiel, warum ein Widerruf in diesem Fall ausgeschlossen sein muss.

Christian möchte seiner Mutter zum Geburtstag einen Schlafanzug schenken. Er könnte diesen für 35,00 € im Fachgeschäft kaufen oder für 24,00 € plus 3,50 € Versandkosten im Internet bestellen. Gib für die folgenden möglichen Situationen für beide Varianten des Einkaufs eine rechtliche Auskunft, was zu tun ist bzw. wie es weitergehen wird:

13. a) Der Mutter gefällt der Schlafanzug überhaupt nicht.
b) Die Mutter findet den Schlafanzug recht hübsch, leider passt die Größe nicht.
c) Der Schlafanzug gefällt der Mutter, doch leider passt er nicht. Die benötigte Größe ist nicht mehr verfügbar und kann auch nicht nachbestellt werden, da eine neue Saison mit anderen Modellen ansteht.
d) In welchem Fall muss Christian beim nicht möglichen Umtausch statt des Geldes einen Gutschein akzeptieren?

Kompetenzfall

Minderjährige ab 7 bis 17 Jahren – beschränkt geschäftsfähig
Minderjährige können Verträge abschließen, jedoch ist Folgendes zu beachten (§ 106ff. BGB):
Rechtlich vorteilhafte Verträge,
die für den Minderjährigen weder einen Rechtsverlust noch eine Verpflichtung zur Folge haben, werden auch ohne Zustimmung der Eltern wirksam (z. B. Schenkung ohne Auflagen).
Rechtlich nachteilige Verträge,
die dem Minderjährigen

- Verpflichtungen (Kaufpreis ist zu zahlen) aufbürden oder
- einen Rechtsverlust herbeiführen (Übereignung einer Sache),

bedürfen der Zustimmung der gesetzlichen Vertreter.

- Zustimmung vor Abschluss = Einwilligung
- Zustimmung nach Abschluss = Genehmigung

Beispiel:
Sind die Eltern mit dem Kauf einer Sache einverstanden (= Einwilligung), so wird der Vertrag sofort wirksam. Sind die Eltern vor dem Kauf nicht gefragt worden, so wird der Vertrag erst wirksam, wenn sie zustimmen (= Genehmigung). Sie können aber auch die Genehmigung verweigern. Dann ist das Rechtsgeschäft nicht wirksam geworden und eine gekaufte Sache muss zurückgenommen werden (der Taschengeldparagraf ist jedoch zu beachten).

Der Taschengeldparagraph

Durch den sogenannten Taschengeldparagraphen (§ 110 BGB) sollen Massengeschäfte des täglichen Lebens für alle Vertragspartner leichter gestaltet werden. Ein ohne Zustimmung des gesetzlichen Vertreters geschlossener Vertrag eines Minderjährigen gilt von Anfang an als wirksam, wenn die Leistung mit Mitteln bewirkt wird, die ihm zu diesem Zwecke (z. B. Kleidergeld) oder zur freien Verfügung (= Taschengeld) von den Eltern oder mit deren Zustimmung von einem Dritten (z. B. Geld von der Oma) überlassen wurden. Kauft ein Minderjähriger vom Taschengeld aber einen Gegenstand, von dem er weiß, dass die Eltern nicht einverstanden sind (z. B. eine Softairwaffe) so ist dieser Vertrag nicht wirksam.

Verträge (Käufe), die das Taschengeld eines Monats deutlich überschreiten und nicht von „Sonderzahlungen" bestritten werden, bedürfen jedoch der Zustimmung der Eltern. Verkäuferinnen und Verkäufer haben grundsätzlich keinen Vertrauensschutz, der Schutz der Minderjährigen geht immer vor.

Verträge per Internet oder Handy

„Abzocke" im Internet – Fernabsatzverträge

Im Internet locken seit einigen Jahren viele Webseiten mit vermeintlich kostenlosen Angeboten. Mit „downloads" von Computerprogrammen oder anderweitigen Angeboten (z. B. Intelligenztests) wird versucht, die (jugendlichen) Nutzer zu einem Vertragsabschluss zu bewegen. Nach Eingabe der persönlichen Daten in ein Anmeldeformular und der Zustimmung der AGB (Allgemeine Geschäftsbedingungen) per Mausklick kommt somit häufig unwissentlich ein Vertragsabschluss über ein kostenpflichtiges Abonnement zustande. Die Kostenhinweise sind häufig versteckt, kleingedruckt und werden bewusst verschleiert.

Da solche Verträge von Minderjährigen ohne Einwilligung der Erziehungsberechtigten ungültig sind, kann deshalb auch diesen „Verträgen" widersprochen werden. Sie können sich mit den örtlichen Verbraucherzentralen in Verbindung setzen, oder nutzen Sie deren Widerspruchsformulare. Bei Verträgen, die mit Fernkommunikationsmitteln (z. B. E-Mail, SMS, Telefon) zustande kommen, handelt es sich um sogenannte Fernabsatzverträge. In der Regel können diese innerhalb von zwei Wochen nach Vertragsabschluss widerrufen werden, solange die Leistung noch nicht in Anspruch genommen wurde.

(Anmerkung: Inzwischen müssen Zahlungsverpflichtungen, die im Internet eingegangen werden, deutlich gekennzeichnet und speziell angeklickt werden – die sog. „Button-Lösung".)

Handy

Minderjährige können ohne Zustimmung der Eltern meist kein vertragsgebundenes Handy erwerben, der Vertrag muss immer von den Eltern abgeschlossen werden. Prepaid-Handys werden von den großen Netzanbietern an Jugendliche ab 16 Jahren verkauft, weil der Vertrag über den Taschengeldparagraphen wirksam wird und der Jugendliche keine großen „Telefonschulden" machen kann. Ist allerdings das vom Minderjährigen erworbene Handy sehr teuer und die Eltern sind mit dem Kauf nicht einverstanden, dann wird der vom Minderjährigen geschlossene Vertrag nicht wirksam und das Handy kann zurückgebracht werden.

Quelle: Jugendamt der Stadt Nürnberg (Hrsg.), Verträge mit Minderjährigen, Januar 2010

Aufgaben

1. Übertrage die Tabelle in dein Heft und fülle diese dort aus, indem du
   a) in die Spalten 2–4 „ja" oder „nein" einträgst;
   b) in die Spalten 5 und 6 „gültig", „bedingt gültig" oder „ungültig" einträgst.

Alter/Jahre	geschäftsfähig	beschränkt geschäftsfähig	geschäftsunfähig	vorteilhafte Verträge	nachteilige Verträge
unter 7					
7–17					
ab 18					

2. Entscheide und begründe möglichst präzise, ob folgende Rechtsgeschäfte eines 14-jährigen Schülers gültig sind. Er erhält im Monat 30,00 € Taschengeld.
   a) Der Schüler erhält von der Oma zum Geburtstag einen Hamster geschenkt.
   b) Der Schüler erhält von der Tante zum Geburtstag 50,00 € in bar geschenkt.
   c) Der Schüler kauft von seinem Taschengeld einen Zwerghasen.
   d) Der Schüler lässt sich von seinem Taschengeld ein Piercing anbringen.
   e) Der Schüler unterschreibt einen Vertrag für seine geplante Ferienarbeit.
   f) Der Schüler schließt einen Handyvertrag ab. Die monatliche Rechnung wird er von seinem Taschengeld bezahlen.
   g) Der Schüler kauft ein Prepaid-Handy für 19,95 € mit 5,00 € Gesprächsguthaben.
   h) Der Schüler kauft ein Prepaid-Handy für 249,00 € mit 10,00 € Gesprächsguthaben.
   i) Beim Surfen im Internet schließt der Schüler einen Vertrag mit einem Anbieter, der ihm monatlich ein Horoskop erstellt. Preis: 15,00 € pro Monat.
   j) Der Schüler kauft zwei CDs mit „furchtbarer" Musik, die seine Eltern absolut nicht leiden können.
3. Entscheide und begründe möglichst präzise, ob folgende Rechtsgeschäfte eines 17-jährigen Auszubildenden gültig sind. Er verdient im Monat 420,00 € netto und gibt davon zu Hause 150,00 € ab.
   a) Nach der Unterzeichnung des Ausbildungsvertrags eröffnet er (ohne Eltern) bei der Bank ein Girokonto.
   b) Kurz danach versucht er, sein Girokonto zu überziehen.
   c) Nach Überweisung der Ausbildungsvergütung kann er sich endlich das heiß ersehnte Mofa kaufen – leider nur gebraucht.
   d) Im Zoo-Fachgeschäft kauft er sich eine Ratte und lässt sich anschließend ein Ratten-Tattoo auf die Wange tätowieren.
4. a) Was genau ist ein Fernabsatzvertrag?
   b) Welche Klausel gilt bei Fernabsatzverträgen zum Schutz der Bürger?
   c) Welche Voraussetzung ist dabei zu beachten?

Glossar

A

Abteilung – Teilbereich eines größeren Unternehmens mit genau bestimmtem Tätigkeitsbereich (z. B. Personalwesen, Verkauf)

AGB – allgemeine Geschäftsbedingungen, also das „Kleingedruckte", das für einen Vertrag gelten soll

Aktie – verbriefter Anteilschein an einer Aktiengesellschaft

Angebot – an eine bestimmte Person gerichtete Aufforderung zur Abgabe einer Willenserklärung

B

Ballungsraum – Gebiet eines Landes, in dem viele Orte bzw. Menschen sich auf engem Raum zusammendrängen

Bareinkaufspreis – Preis, der nach Abzug von Rabatt und Skonto zu zahlen ist

Beamer – Projektionsgerät, mit dem Computerdateien projiziert werden können

Beobachtungsbogen – Ausarbeitung von Fragen zur Erkundung eines Betriebs, bevor dieser besucht wird

beschränkte Geschäftsfähigkeit – Abschluss von Geschäften, die der Zustimmung eines Erziehungsberechtigten bedürfen

Besitz – tatsächliche Herrschaft über eine Sache, die man also in der Hand hat (vgl. im Gegensatz dazu „Eigentum")

Betriebsbesichtigung – geführter Besichtigungsgang durch einen Betrieb

Betriebserkundung – tiefergehende Durchleuchtung eines Unternehmens, die sich nicht auf einen Rundgang beschränkt

Beurteilungsbogen – Ausarbeitung zur Nachbetrachtung und kritischen Beurteilung einer Präsentation

Bonus – nachträglicher Rabatt für Käufer, die regelmäßig kleinere Mengen eingekauft haben

Bonussparen – regelmäßiges Sparen auf einem Konto, das vom Kreditinstitut „belohnt" wird

Button – ein „Knopf", der auf Bildschirmseiten (z. B. im Internet) angeklickt werden kann

C

Callcenter – zentrale Stelle, um mit einem Unternehmen in telefonischen Kontakt zu treten (z. B. für Servicefragen)

D

Dienstleistung – ein Wirtschaftsgut, das nicht materiell produziert wird, sondern als Leistung zur Deckung eines Bedarfs dient

DIN – Deutsche Industrienorm, also Vorschrift z. B. über die technische Ausgestaltung von Gütern

Discounter – Supermarktkette mit besonders niedrigen Preisen und begrenztem Sortiment

Download – aus dem Internet auf den eigenen PC heruntergeladene Dateien

E

Eigentum – rechtliche Herrschaft über eine Sache (vgl. im Gegensatz dazu „Besitz")

einseitiger Handelskauf – einer der Beteiligten ist Kaufmann und als solcher tätig, der zweite Vertragspartner ist Privatmann

Einwilligung – Zustimmung vor dem Abschluss eines Vertrags

Einzelhandel – Handel, der den (privaten) Endverbraucher mit den von ihm benötigten Gütern versorgt (vgl. dazu im Gegensatz „Großhandel")

Emotion	Gefühl, das die Werbung, z. B. beim Konsumenten, durch den Anblick oder den Gebrauch eines Produkts erwecken will, um ihn zum Kauf zu ermuntern
Ethik	die Lehre von Sitten und Moral
EU	Europäische Union = wirtschaftlicher und politischer Zusammenschluss von (momentan) 28 Staaten Europas
F	
Fake-Shops	Internetshops, die den Anschein erwecken, seriös zu sein
Fernabsatz	Vertrag zwischen Parteien, die sich nicht persönlich gegenüberstehen
Flatrate	fester Preis für eine Telefon- bzw. Internetverbindung ohne Rücksicht auf den Umfang der Nutzung
Folgekosten	Geldausgaben, die nach dem Kauf einer Sache anfallen
Freecall	kostenlos zu nutzende Telefonnummer
Fußgängerzone	verkehrsberuhigte oder verkehrsfreie Straße(n) im Zentrum eines Ortes mit konzentriertem Angebot an Ladengeschäften, meist hohen Mieten, aber dafür hohen Passantenzahlen
G	
Genehmigung	Zustimmung nach Abschluss eines Vertrags
Geschäftsfähigkeit	das Recht, Geschäfte alleine zu tätigen; wird mit Eintritt der Volljährigkeit erlangt.
Gewerbegebiet	speziell für die Ansiedlung von Betrieben ausgewiesene Fläche, meist am Stadtrand mit guter Verkehrsanbindung und oft günstigen Grundstückspreisen
Gewinn	Erfolg (meist in Geld), der am Ende der Geschäftstätigkeit übrig bleibt
Girocard	Benutzerkarte für den Inhaber eines Girokontos
Girokonto	laufendes Konto mit ständigen Geldbewegungen
Großhandel	Handel, der die Güter der Hersteller an den Einzelhandel verteilt (vgl. dazu im Gegensatz „Einzelhandel")
Grundstoff	ein Gut, das die Basis für weitere Produktionsschritte ist
Gütesiegel	Zeichen auf Produkten, das eine bestimmte Qualität garantiert
GWB	Gesetz gegen Wettbewerbsbeschränkungen, also zum Schutz der Verbraucher und des Wettbewerbs
H	
Handout	gedruckte Ausgabe eines Vortrags oder der Folien einer Präsentation
Handwerk	Kleinbetrieb zur Herstellung von Gütern mit meist begrenztem Maschineneinsatz
Hängetasche	Papptasche zur Aufnahme von Akten und Unterlagen, die in einer Registratur hängend aufbewahrt werden kann
Hotline	oft kostenloser Telefonservice eines Unternehmens für Rückfragen seiner Kunden
I/J	
IBAN	Internationale Banknummer (International Bank Account Number)/Bankleitzahl
Impressum	durch ein Gesetz vorgeschriebene Herkunftsangabe bei Veröffentlichungen (z. B. Presse, Medien, Internet)
Industrie	Großbetrieb zur Produktion von Gütern mit meist hohem Maschineneinsatz
Inflation	Geldwertverlust durch Preissteigerungen
Inflationsrate	Geldwertverlust in Prozent ausgedrückt

Informationsbeschaffungsstrategie	strukturierte Hilfe bei der Beschaffung und Nutzung großer Mengen neuer Informationen
Infrastruktur	im engeren Sinn: Verkehrsverbindungen und öffentliche Versorgung (z. B. Gas, Wasser, Strom) im weiteren Sinn: öffentliche Einrichtungen, die für Leben, Arbeit und Freizeit der Bevölkerung errichtet werden
Internetbank	Bank, die auf Geschäftsstellen verzichtet und nur über das Internet besucht werden kann
Investitionsgut	ein langlebiges Wirtschaftsgut, das zur Erstellung und Weiterverarbeitung von Gütern benötigt wird, ohne selbst direkt oder indirekt in die produzierten Güter einzugehen (vgl. dazu im Gegensatz „Konsumgut")
Jugendarbeitsschutzgesetz (JArbSchG)	Gesetz zum Schutz von Jugendlichen (unter 18 Jahren), die ein festes Ausbildungs- oder Arbeitsverhältnis haben
Jugendgirokonto	Bankkonto für laufende Geldbewegungen, speziell für Jugendliche ab elf Jahren
K	
Kartellgesetz	Gesetz zum Schutz der Verbraucher, das die Zusammenarbeit und Zusammenschlüsse von Unternehmen regelt
Kassenbon	bei einem Einkauf in einem Ladengeschäft ausgehändigter Zahlungsbeleg
Kaufvertrag	zweiseitig verpflichtender Vertrag über den Kauf von Sachen
Kinderarbeit	Arbeitsverhältnis von Minderjährigen bis zum Alter von 14 Jahren
Konkurrenten	andere Unternehmen, die als Mitbewerber auf dem Markt gleiche oder ähnliche Güter anbieten
Konsumgut	Güter, die zum privaten Gebrauch oder Verbrauch hergestellt werden (vgl. dazu im Gegensatz „Investitionsgut")
Kontoauszug	Beleg mit den Kontobewegungen eines Girokontos
Kosten	Geldausgaben, die zur Erbringung einer Leistung notwendig sind
Kredit	bei einer Bank Geld leihen gegen Zahlung von Zinsen
Kreditkarte	Karte zum Bezahlen von Einkäufen usw., bei der erst später das Geld vom eigenen Konto abgebucht wird
Kulanz	Großzügigkeit, d. h. Gewährung eines Vorteils, auf den kein Rechtsanspruch besteht
L	
Label	ein Etikett oder eine Marke als Möglichkeit der raschen Wiedererkennung
Lagerwert	Wert aller in einem Lager aufbewahrten Güter
Laptop	tragbarer Computer, auch Notebook genannt
Leasing	Mischform zwischen Kauf und Miete; nach Zahlung fester Leasingraten kann das Gut am Ende der Vertragslaufzeit abgelöst oder zurückgegeben werden
Leistungskurve	individuell schwankende Leistungsfähigkeit einer Person im Tagesverlauf
Link	Verknüpfung von Computerdateien und Verweis auf eine andere Datei, die durch den Link geöffnet werden kann
Listeneinkaufspreis	Preis einer Sache ohne jegliche Abzüge
M	
Manipulation	gezielte Einflussnahme, z. B. auf Menschen, um diese zu bestimmten Handlungen oder Denkweisen zu bewegen
Marktanteil	Anteil eines Unternehmens an den gesamten Verkäufen eines bestimmten Produkts in einem Land (oder auch weltweit)

Motivation	Ansporn, aus dem heraus Menschen etwas tun
N	
Nachnahme	Aushändigung einer Paketsendung durch den Boten erst nach Bezahlung des angegebenen Betrages
O	
Öffentlichkeitsarbeit	der Versuch eines Unternehmens (auch von Parteien usw.), sich in der Öffentlichkeit gut darzustellen
Ökologie	umweltschonendes oder umweltverträgliches Handeln
Ökonomie	wirtschaftliches Handeln
P	
Pacht	Miete einer Sache zur gewerblichen Nutzung
PayPal	Anbieter eines anonymisierten Bezahlverfahrens im Internet
Präsentationsprogramm	Computerprogramm zur optischen Aufbereitung und Darstellung von Informationen
Preis-Leistungs-Verhältnis	Versuch, den Preis und die dafür erhaltene Produktqualität zueinander in Bezug zu setzen
Preissuchmaschine	Internetseite, die darauf spezialisiert ist, für ein bestimmtes Gut einen möglichst billigen Anbieter zu finden
Q	
Qualifikation	Fähigkeit für bestimmte Tätigkeiten oder ein bestimmtes Tätigkeitsfeld
Quittung	Zahlungsbestätigung bei einem Einkauf mit Barzahlung, meist handschriftlich ausgestellt
R	
Rabatt	aus unterschiedlichen Gründen gewährter Preisnachlass ohne Rücksicht auf den Zahlungstermin
Ratenkauf	Kauf einer Sache und Bezahlung in regelmäßigen Teilbeträgen
Recycling	erneute Nutzung von Rohstoffen, die schon einmal verarbeitet worden sind
Rohstoff	meist aus der Natur gewonnener Bestandteil eines Produkts
S	
Scannerkasse	Ladenkasse, mit der über den Strichcode des Artikels dessen Preis erfasst wird
schwebend unwirksam	Kaufvertrag, der der Einwilligung oder Zustimmung eines Erziehungsberechtigten bedarf
SEPA	Vereinbarung von 33 Staaten Europas zur Vereinfachung des Zahlungsverkehrs über Ländergrenzen hinweg (Single Euro Payments Area)
Sicherheitszeichen	Qualitätsgarantie für technische Geräte
Skonto	Preisnachlass für frühzeitige Bezahlung
SMART-Kriterien	strukturierte Hilfe bei der Formulierung von Zielen und deren Verwirklichung
Smartphone	internetfähiges Handy mit berührungssensiblem Bildschirm
Sortiment	Gesamtheit der in einem Handelsunternehmen angebotenen Güter
Standort	Ort, an dem ein Unternehmen seinen Sitz hat und seine Geschäfte tätigt
Statistik	komprimierte Aufbereitung einer Vielzahl von Daten, z. B. in einer Tabelle oder Grafik
Suchmaschine	ein Computerprogramm im Internet, das bei der Suche nach bestimmten Inhalten hilft

T

Tablet-PC	ein flacher, tragbarer, leichter Computer mit Touchscreen, aber ohne Tastatur
Tagesgeldkonto	ein Bankkonto mit Zinszahlung, bei dem die Laufzeit der Kapitaleinlage nicht festgelegt ist, wodurch täglich über das Geld verfügt werden kann
Taschengeld	einem Jugendlichen meist monatlich überlassener Geldbetrag, über den er selbst verfügen kann
Taschengeldkonto	Bankkonto für laufende Geldbewegungen, speziell für Kinder bis elf Jahre
Tilgung	Rückzahlung eines Kredits, meist in monatlichen Raten

U

Umsatz	die Summe der Erlöse, die durch den Verkauf von Gütern oder Dienstleistungen dem Unternehmen zugeflossen sind (vgl. dazu im Gegensatz „Gewinn“)
UWG	Gesetz gegen den unlauteren Wettbewerb, soll die Verbraucher vor Betrug und Täuschung durch Unternehmen schützen

V

Verbrauchermarkt	großer Supermarkt, der schwerpunktmäßig Lebensmittel verkauft
Verbraucherzentrale	eine unabhängige, gemeinnützige Organisation, die landesweit tätig ist mit dem Ziel, Konsumenten zu informieren, zu beraten und zu unterstützen
Vorkasse	Bezahlung einer Ware bevor diese geliefert wird

W/X/Y/Z

Zeitmanagement	strukturierte Hilfe bei der Planung und Einteilung der zur Erledigung einer Arbeit vorgesehenen Zeit
Zeitplan	konkrete Festlegung zur Nutzung der Arbeitszeit
Zieleinkaufspreis	Preis einer Sache, wenn nicht sofort bezahlt wird
Zielgruppe	Bevölkerungsgruppe, der sich die Werbung und die Verkaufsbemühungen des Handels besonders widmen
Zielkonflikt	zwei oder mehr Ziele, die nicht gleichzeitig erreicht werden können
Zins	Ertrag für die Überlassung von Geld

Sachwortverzeichnis

Bildquellenverzeichnis

amazon.de GmbH: Seite 75.1
Bildungsverlag EINS, Köln/Angelika Brauner, Hohenpeißenberg: Seite 27
billiger.de, Karlsruhe: Seite 75.4
dpa Picture-Alliance GmbH, Frankfurt: Seite 8
Fotolia Deutschland GmbH, Berlin: Wolfgang Jargstorff (Seite 9.1), industrieblick (9.2), Tombaky (14.1), Lars Zahner (14.2), thingamajiggs (15.1), markus_marb (15.2), Orlando Florin Rosu (15.3), stockphotograf (15.4), Volker Wille (21.1), Marco2811 (21.2), Franz Pfluegl (23.1), Mixage (23.2), Georg Drexel (37.1), Dan Race (38.1), weseetheworld (41.1), Photographee.eu (43.1), Trueffelpix (44.1), pogonici (45.1), Andrey Popov (46.1), sanjagrujic (47.2), Robert Kneschke (50.1), Oleksiy Mark (51.1), JiSign (52.1), Monkey Business (52.2), Jan Engel (55.1), corvalola (59.1), Stephan Tournee (62.1), Vladimir Kramin (62.2), Gina Sanders (63.1), B. Frank (63.2), Pavel Timofeev (63.3), grafikplusfoto (67.1), ty (68.1), Constantinos (70.1), Minerva Studio (72.1), JiSign (73.1), Alexander Limbach (74.1), cirquedesprit (76.1), Ingo Bartussek (76.2),), www.petzinger.de (80.1), T. Michel (83.1, 85.1)
idealo Internet GmbH, Berlin: Seite 75.5
guenstiger.de GmbH, Hamburg: Seite 75.6
Toshiba Europe GmbH, Neuss: Seite 75.3
Zalando SE, Berlin: Seite 75.2